经济管理学术文库·经济类

发展中国家资本账户开放的初始条件研究

Research on the Initial Conditions for
Capital Account Liberalization in Developing Countries

高　禄／著

经济管理出版社
ECONOMY & MANAGEMENT PUBLISHING HOUSE

图书在版编目（CIP）数据

发展中国家资本账户开放的初始条件研究 / 高禄著 .
北京：经济管理出版社，2024. --ISBN 978-7-5096
-9979-9

Ⅰ . F831

中国国家版本馆 CIP 数据核字第 2024HD5499 号

组稿编辑：王　慧
责任编辑：杨　雪
助理编辑：王　慧
责任印制：张莉琼
责任校对：王淑卿

出版发行：经济管理出版社
　　　　　（北京市海淀区北蜂窝 8 号中雅大厦 A 座 11 层　　100038）
网　　　址：www.E-mp.com.cn
电　　话：（010）51915602
印　　刷：唐山昊达印刷有限公司
经　　销：新华书店
开　　本：720mm×1000mm/16
印　　张：11
字　　数：175 千字
版　　次：2024 年 12 月第 1 版　2024 年 12 月第 1 次印刷
书　　号：ISBN 978-7-5096-9979-9
定　　价：79.00 元

前　言

　　资本账户开放对于提高一国的经济质量有重要意义，但也容易使一国经济遭受外来冲击，进而导致经济脆弱性上升。目前，我国资本账户开放进程进入深水区，进一步开放的难度较大，一国是否达到开放的条件是至关重要的，在未达到开放条件的情况下过快地开放资本账户容易引发金融危机。已有的对资本账户开放的初始条件的研究缺少微观层面上的讨论。不同渠道和不同形式的国际资本流动对初始条件的要求和侧重点是不同的，已有文献对资本账户开放在微观层面上的影响机制以及结构差异性的讨论比较少，本书的研究丰富了这一领域的成果，将微观领域的公司金融研究和国际经济学领域的国际资本流动结合起来，具有一定的创新性。

　　本书的研究从微观基础出发，认识到一国的企业存在着债务融资和股权融资的区别，金融中介和金融市场两种融资模式之间存在较大的差异，微观上的差异经层层传导后导致国际资本流动对国内经济产生巨大影响。首先，根据国际资本流动的渠道和影响机制的不同将国际资本区分为国际债务资本和国际股权资本①；其次，根据这两种资本形式的特征、影响机制的不同，认为实施不同形式的国际资本账户开放时应关注不同的初始条件，不能一概而论；最后，认为对不同形式的资本流动应采取有差别的应对措施，并在微观基础上建立应对资本流动的机制，增强企业竞争力，从而保证一国整体上对外开放的平稳进行。

　　本书采用理论分析、实证分析和案例分析相结合的方法，首先，分析

---

① 　注：外国直接投资（Foreign Direct Investment，FDI）属于国际股权资本，和其他股权资本的区别在于其资本达到股本的 5% 以上，并且存续期在一年以上。

不同的国际资本在微观和中观层面上的差异，并将这些差异分别代入理论模型，使模型更符合现实状况，从而得出较为准确的结论，通过对资本流动的影响机制的分析为资本账户开放的初始条件分析和应对措施分析确立了理论基础；其次，收集数据进行实证分析，并构建资本账户开放的国际经验区间；最后，在分析时通过以往发展中国家资本账户开放的案例来佐证结论。

本书的主要结论为：国际债务资本流动主要通过利率渠道影响国内经济，并对一国产生流动性冲击，一国的债务水平制约着国际债务资本开放的经济增长效应，较低的国内债务水平有利于发挥国际债务资本的经济增长效应；国际股权资本流动直接介入一国的借贷活动，不产生直接的流动性冲击，但对一国的制度质量要求较高。因此，一国应根据其初始条件，选择开放对其有利的资本账户项目，其余的项目应在初始条件达到要求之后再实施开放。

本书第一章为导论，阐述了本书的研究框架，认识到已有的研究忽视了国际债务资本和国际股权资本对一国宏观经济的影响机制存在差异，并通过建立理论模型和实证研究进行分析，以确定资本账户开放的初始条件。

第二章为概念辨析与文献综述，阐述了国内外学者关于资本账户开放的初始条件以及应对措施的研究内容。首先，为了更好地获取资本自由流动的收益并降低风险，一国应在金融发展、制度质量等方面达到一定的条件后开放资本账户；其次，对资本账户开放过程中的应对措施进行了综述，指出发展中国家企业国际竞争力较弱，要重视开放过程中增强企业对国际资本的适应能力。

第三章为发展中国家资本账户开放的历程与现状，并讲述发展中国家资本账户开放进程中存在的问题。本书首先将发展中国家资本账户开放的历程分为四个阶段，分别是资本自由流动时期、资本管制时期、资本逐步开放时期和资本流动管理时期；其次分析了发展中国家资本账户开放的现状，发展中国家的资本账户开放经历了两次高潮，但两次都被全球性的金融危机打断；再次通过对比相对成功和相对失败的案例后得出资本账户开放的初始条件是十分重要的结论，尤其是完善的金融体系、发达的金融市场，以及高水平的制度质量和灵活的汇率体制；最后分析了发展中国家资本账户开放中存在的问题，主要是资本流动结构不合理、初始条件不足和宏观经济政策错配的问题。

第四章为资本账户开放的初始条件的理论分析。本章首先介绍了公司融资和金融结构的有关研究内容，债务资本和股权资本在多个方面存在差异，国际资本流动并没有消除这种差异。其次建立了理论模型，采用对比分析的方法分别阐述了国际债务资本和国际股权资本对一国经济增长的影响机制。为了分析国际资本流动对一国经济增长的多种影响机制，本书在模型分析中引入金融部门，从而得出了不同形式的国际资本对一国经济增长的不同效应。

国际债务资本流入为一国的经济增长提供了流动性支持；国际股权资本流入直接介入企业的投融资活动，股权资本流入可以增加一国的信贷供给，缓解信贷需求，并不直接对流动性产生冲击。国际债务资本流动通过影响利率进而影响国内经济，国内的债务水平制约着国际债务资本流动对经济增长的效应；国际股权资本流动直接介入一国企业的投融资过程，是对一国金融市场功能的强化，一国的制度质量制约着国际股权资本流动的效应。最终，本书认为，国际债务资本流动和国际股权资本流动对国内经济的影响机制是不同的，对一国的初始条件的要求也是不同的。

第五章为本书的实证研究部分。通过收集数据，使用面板门槛回归分析方法，建立了资本账户开放的初始条件评估系统，不仅分析了资本账户开放总体指标的初始条件，还分析了国际债务资本和国际股权资本的开放条件。本书认为，根据一国的初始条件所处的范围，可以确定开放的项目。同时，本书还认为，资本账户开放不是"刻舟求剑"，应根据本国的初始条件采取"相机调整"的策略。

第六章分析了资本账户开放过程中的金融风险和应对措施。根据前文的分析，本书认为，对国际债务资本和国际股权资本应采取不同的措施，同时应该增强微观企业的国际竞争力，以增强本国对大规模国际资本流动的抵御能力。首先，企业是现代经济的主体，金融企业是现代经济的核心，资本账户开放过程中应确立以提高企业效率和效益为核心的微观应对机制，并在在汇率、通胀、宏观经济政策方面确立开放型宏观应对机制。由于短期股权资本流动难以监测、不易监管，因此对国际股权资本流动应采取一定的金融监管措施。

第七章为我国资本账户开放的现状和应对策略。首先，对我国的资本账户开放现状进行总结；其次，提出我国的资本账户开放的应对措施。本书认为，我国应该采取协调推进的开放策略，并建立微观应对机制。

第八章为研究结论与未来展望。首先，对全书的研究结论进行了总结，阐述了国际资本流动的影响机制、结构性差异、初始条件的制约性效应等方面。其次，根据研究结论提出了相应的政策建议。最后，进行了研究展望，希望在理论设计和使用微观数据实证方面进行进一步的研究。

目　录

第一章　导论

本章主要阐述了研究背景和研究意义，介绍了研究思路和研究方法，描述了研究框架和研究内容，并指出了研究的创新点和不足之处。

第一节　研究背景与研究意义

一、研究背景

（一）理论背景

古典经济学理论认为，国际资本流动的原因是各国间利率和预期利润率存在差异，资本从资本充裕国向资本稀缺国流动，最终导致各国的资本边际产出率趋于一致，从而提高了世界的产品总产量和各国的福利水平。国际资本流动经历了从自由流动到资本管制的时期，随着布雷顿森林体系崩溃，世界各国开始推动资本账户开放，其中发达国家开放后大都经济运行平稳，积累了很多经验。但发展中国家的开放进程充满波折，自20世纪70年代中期以来，一些发展中国家的经济自由化改革在经历了短暂的经济繁荣之后，出现了巨大的金融危机，如拉美主权债务危机、亚洲金融危机等。

金融危机的频繁发生使人们重新开始对资本账户开放进行审视，一些经济学家认为，发展中国家的资本账户开放得太快导致经济脆弱性上升。麦金农的金融深化理论深刻影响了发展中国家的自由化改革。发展中国家认识到资本账户开放的前提是国内达到一定的条件，在开放前还需要推动金融深化、促进财政平衡等。亚洲金融危机影响了对资本账户开放的研究，国际资本流动的不稳定性产生的传染效应和放大效应使危机迅速蔓延，资本自由流动的观念遭到怀疑。

2008年国际金融危机之后，国际间资本流动出现了新的趋势：一是大规模的国际资本流动成为常态；二是新兴市场国家和发达国家间的资本流动频繁。有学者认为，针对发展中国家的资本账户开放，各国需要达到一定的条件并做好次序安排，否则容易导致内外失衡甚至引发金融危机。

（二）现实背景

资本账户开放对经济增长具有很大的推动作用，从长远来看，提高了经济增长的速度和经济发展的质量，因此世界各国将资本账户开放作为推动经济增长的战略之一。我国40多年来实现经济飞速发展的重要原因之一就是坚持对外开放的基本国策。

1996年12月1日，我国正式接受《国际货币基金组织协定》第八条款，实现人民币经常项目下的可兑换。但截至目前，离资本项目完全可兑换还有差距，对于资本账户开放的认识仍是共识和分歧并存。大多数学者同意资本账户开放和可兑换的人民币是我国市场化改革的一部分目标，但对于开放程度、开放条件、开放速度和开放路径，以及开放过程中对风险的防范等，都存在一定的争论。

自我国加入WTO以来，贸易自由化的发展以及资本流动规模的不断扩大对我国的资本管制体制产生了巨大的冲击，也催生了进一步开放的客观要求。从亚洲金融危机到2008年的全球性金融危机，都表明资本账户开放是机遇和风险并存的。近年来，全球经济持续疲软，贸易保护主义和逆全球化有所发展，我国国内的利率市场化和汇率改革尚未完成，国内外环境都存在诸多不确定性，资本账户是否会带来新的风险，成为很多人的担忧。

党的十九大报告提出了"推动形成全面开放新格局"的主张，强调"开放带来进步，封闭必然落后"，提出要坚持对外开放，坚持打开国门搞建设，要进一步促进贸易和投资自由化便利化，提出了"创新对外投资方式，促进国际产能合作，形成面向全球的贸易、投融资、生产、服务网络，加快培育国际经济合作和竞争新优势"的目标。开放是党的十九大报告中的重要内容，要进一步丰富对外开放内涵、提升对外开放水平，为发展注入新动力、增添新活力、拓展新空间。

在新时代，要更加利用好"两个市场、两种资源"，推动更加开放的局面，提高经济效率，促进经济发展。我国应推动资本账户开放进程，在新经济的建立过程中提高国际竞争力和经济的对外适应能力。

党的二十大报告提出稳步扩大规则、规制、管理、标准等制度型开放，由此资本项目开放达到新高度、汇率市场化水平不断提高、跨境投融资更加便利化。跨境直接投资实现基本可兑换，以金融市场双向开放为重点推进资本项目开放，形成了证券投资项下"沪港通""债券通"等跨境投资安排，境外机构持有我国境内金融市场股票、债券、贷款和存款等金融资产规模逐年攀升，以北向资金为代表的国外金融资金在我国股票市场投资存量达到万亿规模。我国逐步取消了外资证券机构在国内的持股比例限制，在开放过程中保持开放进程平稳进行，人民币汇率也保持稳定。

随着国际贸易呈现零关税、零壁垒、零补贴的趋势，资本账户开放的标准也在提高，致力于营造良好的营商环境，推动国际间投资便利化。近年来，我国的资本账户开放取得了巨大成就，但在以下方面也存在短板：一是我国金融业的开放还不到位，开放程度是有限的；二是我国与政府管理相关的公共服务开放程度不高、市场化不到位；三是数字型经济的开放程度不到位。因此，我国正致力于从制度上打造权利平等、机会平等、规则平等的发展环境，尊重国际营商环境，改善投资环境。

（三）选题的提出

目前，学者普遍认为一国应该达到一定的条件才能实现平稳开放，这些条件被称为资本账户开放的初始条件，并已经从一国的金融发展、制度因素、宏观经济政策等方面进行了分析。这些方面的研究虽然已经取得了丰硕的成果，但是也存在以下不足：

一是对于国际资本流动这种宏观问题的分析既没有搭建微观基础，如企业融资方式的选择，也没有分析不同形式的国际资本流动对金融部门的影响的差异。企业是社会经济活动的主体，但少有文献从企业的微观视角对资本账户开放的影响进行分析，本书为弥补这一领域研究的缺失，选择从企业角度进行分析。本书从企业融资的角度将国际资本流动分为国际债务资本和国际股权资本两种不同形式的国际资本。

二是这些研究成果没有认识到不同形式的资本间的区别，国际债务资本和国际股权资本在资本流动方式和对一国宏观经济的影响机制等方面是不同的，因此应对政策和措施也应该是不同的。

三是在分析资本账户开放的应对措施时没有分析一国的微观层面的应对措施。实际上，当一国的微观企业稳健经营时，如果宏观政策上没有大的失误，即使受到资本流动冲击，也不会造成大范围的失业，导致社会动荡。

发达国家在分析资本账户开放时并没有过多地关注微观企业，原因是发达国家市场观念深入人心，企业自负盈亏，大型跨国企业的科技水平普遍较高，对外投资能力强，国际竞争力强。而发展中国家的大型企业缺少这种优势，但它们的社会联系广泛，一旦出现问题后果比较严重。

本书正是在认识到这种差异的基础上，通过建立理论模型进行分析，并通过实证研究进行验证，以此来确定开放的条件，分析资本流动的影响机制，以及提出开放过程中的应对措施。

二、研究意义

（一）理论意义

对资本账户开放的初始条件的研究已经取得了丰硕的成果，但也存在一定的不足，本书可以从以下三个方面丰富这一领域的相关研究：

一是资本账户开放的研究并没有深入考虑对企业的影响，无论是融资、投资，还是经营，不同形式的国际资本对企业的影响是不同的。生产企业和金融企业是现代经济的主体，因此对外开放从本质上来说是企业的开放，对于资本账户开放的研究不能忽视微观基础。

二是分析两种不同形式的国际资本对宏观经济的影响机制，国际债务资本和国际股权资本对一国的宏观经济的影响机制是不同的，对一国初始条件的要求的侧重点也是不同的。国际债务资本流动主要通过利率渠道影响国内经济，并对一国产生流动性冲击，一国债务水平制约着国际债务资本开放的经济增长效应，较低的国内债务水平有利于发挥国际债务资本的经济增长效应；国际股权资本流动直接介入一国的借贷活动，不产生直接的流动性冲击，但对一国的制度质量要求较高。本书通过两种不同形式资本的特征分析了两种国际资本的相互影响和动态调整，认为随着国际资本对收益率的要求，国际股权资本的比重将获得提高。

三是在资本账户开放的应对措施上，本书认为，除了宏观经济政策调整之外，还应该从微观层面上增强一国对国际资本冲击的抵御能力，在开放过程中始终注意增强企业，尤其是大企业的核心竞争力，提高企业效率。

（二）现实意义

我国已经完成贸易开放和经常项目开放，资本账户开放也取得了良好成绩。为获取资本账户开放的收益并降低风险，我国应在哪些方面达到一定的条件？如何实现开放过程的平稳进行？如何将理论的探讨付诸实践，并将开放的风险控制在可承受的范围内？如何建立合理有效的政策框架从应对开放过程中出现的问题，从而避免货币危机和金融危机？答案很明显，达到开放的条件并按一定的路径有次序、渐进地推进资本账户开放进程，是同时实现上述目标的保障。

第二节 研究思路与研究方法

一、研究思路

图1-1展示了本书的主要研究思路：第一，国际资本流动通过国际债务资本和国际股权资本对一国的企业，包括生产企业和金融企业施加不同的影响；第二，受到国际资本流动影响的企业会对一国的经济增长产生影响；第三，这种影响会受到国内初始条件的制约，由此导致国际资本流动对发展中国家的经济增长具有门槛效应；第四，国内的初始条件是国内的经济主体的一系列经济行为的综合，包括生产企业和金融企业，以及政府和消费者。

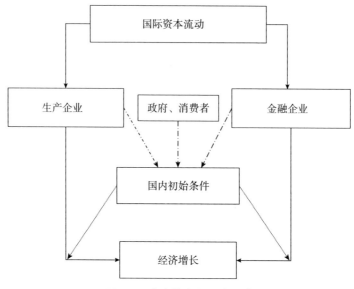

图 1-1　本书的主要研究思路

本书的研究框架是从微观分析到宏观分析的过程。主要包括：①本书的研究受到微观基础的启发，一国的企业存在债务融资和股权融资的区别，在经济行业层面存在着金融中介主导金融结构和金融市场主导金融结构的差别，因此国际资本通过金融中介和金融市场的渠道进入一国，分别可以区分为国际债务资本和国际股权资本。这两种形式的资本在特征、对国内的影响机制、对一国初始条件的侧重点等方面都存在区别。②本书在宏观模型中加入了金融部门，能够更好地反映国际资本流动对宏观经济的多种影响，同时理论模型更符合微观基础。在理论分析中，本书采用对比分析的方法，国际债务资本流动主要通过利率渠道影响国内经济，并对一国产生流动性冲击，国内债务水平制约着国际债务资本流动的经济增长效应，当一国债务水平处于合理范围内时，资本账户开放有利于促进经济增长；国际股权资本流动直接介入一国企业的投融资活动，不会产生流动性冲击，但对一国的制度质量要求较高，只有当一国的金融市场完善，制度质量较高，并且制度能发挥积极影响时，国际股权资本流动才能促进经济增长。③本书采用实证分析的方法，建立一国资本账户开放的初始条件的评估系统，通过对一国的初始条件的测算可以得到一国资本账户开放的国际经验区间。④本书对国际债务资本和国际股权资本应采取不同的措施。由于影响机制和流动渠道不同，本书认为，由于国际债务资本流动通过利率渠道影响一国经济，因此应更多地采用宏观经济政策调整和对金融中介进行监管的应对措施；国际股权资本流动主要通过个人渠道和资本市场交易参与一国的投融资活动，因此当国际股权资本流动引起国内经济危机时，由于股权资本流动难以监测、不易监管，因此，除对国际股权资本流动采取一定的金融监管措施外，还应采取资本管制的措施。此外，还应该建立以提高企业效率、效益和国际竞争力为核心的微观应对机制。

二、研究方法

本书的主要目的是通过理论分析和实证分析，进一步丰富资本账户开放的初始条件研究。本书认识到不同形式的国际资本流动对国内经济的影响机制的差异，由此认为对国际债务资本和国际股权资本的资本流动应采取不同的开放政策和应对措施，并根据本国的条件确定开放策略，通过设计合理的资本账户开放路径来保障资本流动的收益，降低资本自由流动的风险，最终实现本国经济的发展。

本书的研究方法主要包括以下三种：

第一，采用建立理论模型的研究方法。本书从微观作用机理出发，建立宏观分析框架，从微观领域分析资本的特征以及金融部门的最优化，在宏观经济模型中引入资本流动，最终通过理论模型得到资本账户开放促进经济增长的条件。

第二，采用实证分析的研究方法。本书构建实证模型，通过收集数据进行实证分析，主要采用面板门槛回归的分析方法，建立资本流动的经济增长效应的国际基准范围。

第三，采用文献归纳和案例分析相结合的方法。本书选择典型国家进行分析，并采用理论分析与实证分析相结合的方式，进一步验证本书的结论，为我国资本账户开放的条件、路径和应对措施的政策实施提供借鉴。

第三节 结构安排和主要内容

一、结构安排

如图 1-2 所示，本书共分八章。第一章是导论，第二章是概念辨析与文献综述，第三章总结了部分发展中国家资本账户开放的历程、现状和开放过程中存在的问题。第四、第五、第六章是本书的主要内容。第四章是理论分析，揭示了不同形式的国际资本流动如何影响国内经济的机制，并分析了初始条件对国际资本流动的经济增长效应的制约作用。第五章是实证分析，通过对理论分析的结论进行实证检验，得到了资本账户开放发挥积极效应的国际经验区间。第六章分析了资本账户开放过程中的应对措施。第七章分析了国际开放中的经验教训对我国的启示，分析我国资本账户开放的现状和应对措施。第八章是总结性陈述，总结了本书的主要研究结论未来的研究展望。

二、主要内容

本书首先回顾了国内外有关资本账户开放的初始条件的研究文献，创新性地融入了微观领域的内容，对国际资本流动影响一国经济增长的机制进行了研究。

（一）发展中国家资本账户开放的历程、现状和存在的问题

本书首先将发展中国家资本账户开放的历程分为四个阶段，即资本自由流动时期、资本管制时期、资本逐步开放时期和资本流动管理时期；其次分析了发展中国家资本账户开放的现状，发展中国家的开放经历了两次高潮，但都被全球性的金融危机打断；再次通过对比相对成功和遭受挫折的案例，本书认为资本账户开放的初始条件是十分重要的，尤其是完善的金融体系、发达的金融市场，以及高水平的制度质量和灵活的汇率体制等，这些对降低资本账户开放中的风险十分重要；最后分析了发展中国家资本账户开放中存在的问题，主要是资本流动结构不合理、初始条件不足和宏

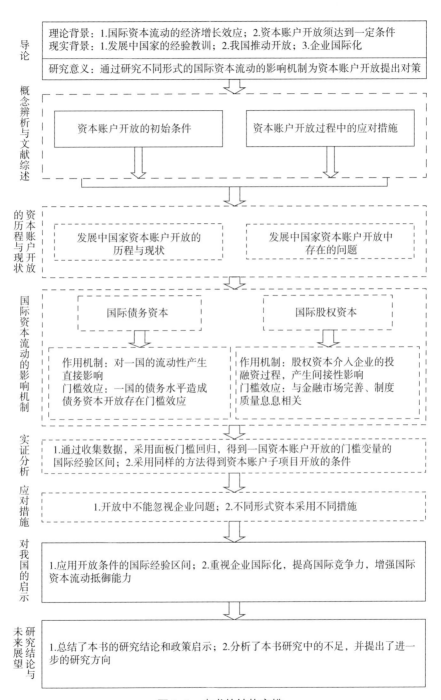

图1-2 本书的结构安排

观经济政策错配等问题。

（二）初始条件对不同形式的国际资本流动的经济增长效应的制约

本书首先分析微观领域的差异，接着将这些差异代入理论模型中，采用对比分析的方法分别阐述了国际债务资本流动和国际股权资本流动对一国经济增长的影响机制。

国际债务资本流入为一国的经济增长提供了流动性支持；国际股权资本流动直接介入企业的投融资活动，股权资本流入可以增加一国的信贷供给，缓解信贷需求，并不直接对流动性产生冲击。

国际债务资本流动通过对利率产生影响，进而影响到国内经济，国内的债务水平制约着国际债务资本流动对经济增长的效应；国际股权资本流动直接介入一国企业的投融资过程，是对一国金融市场功能的强化，一国的制度质量制约着国际股权资本流动的效应。因此，本书认为，国际债务资本流动和国际股权资本流动对国内经济的影响机制是不同的，对一国的初始条件的要求也是不同的。

在实证分析中，通过数据收集和面板门槛回归分析方法，建立了资本账户开放的初始条件评估系统，不仅分析了资本账户开放总体指标的初始条件，还分析了国际债务资本和国际股权资本的开放条件，并根据一国的初始条件所处的范围，可以确定开放的项目。同时，本书也认为，资本账户开放不是"刻舟求剑"，应根据本国的初始条件采取"相机调整"的策略。

（三）资本账户开放过程中的应对措施

根据前文的分析，本书认为，对国际债务资本和国际股权资本应采取不同的措施，应增强微观企业的国际竞争力，在微观基础上增强本国对大规模国际资本流动的抵御能力。首先，企业是现代经济的主体，而金融企业是现代经济的核心，资本账户开放过程中应明确提以高企业效率、效益和国际竞争力为核心的微观应对机制，同时在汇率体制、货币政策等宏观经济政策方面明确开放型宏观应对机制。由于短期股权资本流动难以监测、不易监管，因此应对国际股权资本流动采取针对性监管措施。

第四节 拟要解决的关键问题、创新点与不足

一、关键问题

（一）资本账户开放研究中缺乏微观基础的问题

企业是现代经济的主体，但是对于国际资本流动的研究大多没有考虑企业层面，忽略了企业的对外融资和投资活动才是引起一国国际资本流动的重要原因这一事实。因此，本书从企业角度研究国际资本流动更有可能得到正确的结论。

本书的研究受到微观基础的启发，一国的企业存在债务融资和股权融资的区别，对外投资也存在债务投资和股权投资的区别，由此将国际资本分为国际债务资本和国际股权资本更符合企业融资与投资的微观行为特征。

（二）资本账户开放的初始条件以及国际资本流动的影响机制

已有的对资本账户开放的初始条件的研究，大多是针对整体开放程度，而且没有理论模型进行分析，无法探讨初始条件的影响路径。本书不仅将初始条件的研究纳入理论模型，而且分析了不同形式的国际资本流动的影响机制的区别，最后得出资本流动促进经济增长的条件。

（三）资本账户开放的应对措施中容易被忽视的问题

从发展中国家的经验来看，金融自由化改革的失败会导致经济危机的发生，进而导致通货膨胀、失业剧增，由此带来政局动荡、政权更迭。假如一国在发生经济危机时拥有一批稳健经营的企业，能抵御住国际资本流动带来的冲击，保证基本的就业，为国家的社会保障网持续提供资金，那么就能保证社会安稳，而社会稳定能够保证一系列有效的危机应对政策的实施，这会在很大程度上降低经济危机的成本。

发达国家的市场观念深入人心，企业自负盈亏，同时发达国家的大型跨国企业经历了几十年甚至上百年的发展，科技水平高、产业链完整、具有强大的国际竞争力；但一些在发展中国家保护下发展起来的本国企业存在竞争意识不足、国际竞争力弱、全球化经营意识不强、对外投资能力弱等问题。

同时，发展中国家的银行和金融企业起步较晚，创新力不足。微观层面的弱势导致发展中国家容易受到国际资本流动的冲击。

因此，本书认为，在发展中国家对外开放的过程中，不能忽视企业这一重要因素，应在开放过程中推动企业国际化经营、提高国际竞争力，这才是真正提高发展中国家开放型经济的核心竞争力的策略。

二、创新点

本书的创新点体现在以下几个方面：

第一，融合了宏观经济研究和微观的公司金融研究，从企业的角度分析国际资本流动，采取的分析步骤为：企业进行国际融资、国际投资和国际化经营→行业影响以及对金融行业的效应→宏观经济影响，将对国际资本流动的分析建立在微观分析的基础上，更具有可信度。

第二，建立理论模型分析国际债务资本和国际股权资本对一国宏观经济影响的差异。本书扩展了 Kunieda 等（2014）的模型，首先将企业融资差异作为条件代入理论模型；其次在模型分析中引入金融部门，进一步分析资本流动的多种效应；再次在分析国际股权资本流动的影响机制时加入制度质量的影响；最后对两种不同形式的国际资本流动的影响机制采取对比分析的方法，分别得到了国际债务资本流动和国际股权资本流动促进一国经济增长的条件。

国际债务资本流入为一国的经济增长提供了流动性支持；国际股权资本流动直接介入一国企业的投融资活动，并且长期股权资本流动介入生产过程，不直接对流动性产生冲击。国际债务资本流动对一国经济的影响通过中间变量，即对国内利率产生影响从而影响到国内经济，国际债务资本流动对经济增长的效应受到国内宏观经济政策和国内债务水平的制约，当一国的债务水平较高时，开放国际债务资本流动是比较危险的；国际股权资本流动是对一国金融市场功能的强化，当一国的制度质量水平较低时，不利于发挥国际股权资本的积极效应，当一国在经济繁荣时忽视了制度的与时俱进而导致经济创新不足和经济增长下滑时，股权投资会迅速撤离，导致经济受到国际资本流动的冲击。

第三，通过实证分析对本书的理论结论进行验证，并采用案例分析和实证分析相结合的方式使结论更加清晰。

三、不足之处

由于数据来源和作者水平有限，本书存在以下不足之处：

第一，对于国际资本流动对企业的影响，本书虽然分析了国际债务资本和国际股权资本对企业经营、融资和投资的影响，但是其影响远不止于此，笔者会在以后进行更加深入和细致的研究。

本书没有分析国际资本流动对企业的影响的结构性差异。例如，发展中国家的市场发展不完善，国际资本流动对国有企业和非国有企业的影响可能存在差异，不同行业受到的影响可能是不同的，出口企业和进口企业受到的影响也是不同的，受篇幅限制和笔者的能力，没有在这方面做深入和细致的讨论。

第二，在理论模型的分析上，本书将不同形式的国际资本对企业的影响的差异分别代入模型分析中，分析了国际资本流动对国内经济的影响机制，但理论模型没有分析汇率的影响。当国际资本的汇率收益（或损失）超过投资收益（或损失）时，国际资本的行为会发生改变。此外，对影响机制的讨论还需要考虑到国内的结构性差异，这一点显然还需要做详细的研究。

第三，实证分析如果能够使用微观企业的数据，可能会得到更稳健的结论，笔者会在以后进行这方面的研究。

第四，对资本账户开放的应对措施的分析上，由于没有采用企业方面的案例，因此对于资本账户开放的微观应对机制的分析有些不足。针对本书研究中的不足之处，笔者会在未来的研究中做进一步的探讨和分析。

第五节　本章小结

本章作为全书的纲领，首先提出了研究背景和意义，针对国际资本流动的研究中缺乏微观基础的问题，本书尝试进行研究以弥补这一缺失；其次简要介绍了研究思路、研究方法、结构安排和主要内容，本书采用了从微观到宏观的研究思路，以及理论分析、实证分析和案例分析相互结合的方法；最后介绍了本书的创新点和不足之处。

　　本书的研究具有一定的理论和现实意义，理论上具有一定的微观基础，丰富了资本账户开放的初始条件研究，将对初始条件的分析深入到资本流动的结构层面，也分析了不同形式的国际资本流动的影响机制；现实上对我国的资本账户开放具有一定的借鉴意义。但是，由于笔者能力有限，本书也存在一定的不足，希望在以后的研究中进行进一步的完善。

第二章 概念辨析与文献综述

前一章阐述了本书的研究意义、研究思路和研究框架等内容，本章是研究的起始部分，主要对国内外相关的研究内容进行总结和评述。

第一节 基本概念辨析

一、资本账户开放的定义

资本账户开放（亦称资本项目开放，或者资本项目可兑换、资本流动自由化）广义的含义包括资本自由交易和货币自由兑换两个方面，狭义的定义单指跨国资本自由交易，但需要注意的是，货币是否可以自由兑换对于国际资本交易也是至关重要的。

国际货币基金组织（IMF）的定义倾向于解除资本交易方面的限制，针对货币兑换并无相关规定，具体为"解除对私人资本跨境流动的法律限制，放松对外汇兑换、国际收支往来、资本与金融账户交易的管制和禁令"，但并非对跨境私人资本完全放任，而是指有管理的资本自由流动和兑换[①]。我国学者王雅范等（2002）、计国忠（2004）、张礼卿（2004）、王文平（2005）、张金清等（2008）、梁景禹（2014）等的定义倾向于狭义的概念。姜波克（1999）、易宪容（2002）、羌建新（2005）等的定义更注重资本交易方面，但也包含解除汇兑限制。张明（2022）阐述了目前我国资本账户开放的现状，从侧面反映了资本账户开放涉及的市场，包括直接投资、货币市场、股票市场、债券市场、衍生品市场、跨境借贷，虽然各个市场的

---

① 只规定了经常项目下的可兑换，对资本账户开放并未强制。

开放程度不同，但我国的资本账户开放正在稳步推进。我国直接投资开放程度最高，证券投资开放程度次之，其他方面依旧存在较多限制。刘凌等（2024）分析了我国推动制度型开放中资本账户开放包含的内容，认为资本账户制度型开放包括资本项目开放、外汇兑换和外汇市场自由化。

随着金融危机的频繁发生，资本管制措施的有效性得到重视，因此将资本管制纳入开放框架成为新的内容。新的资本流动框架用资本流动自由化（Capital Flow Liberalization）来代替资本账户开放的概念[①]，以区别于使用资本账户开放概念时表示的完全或者一次性消除限制措施的含义，并且表示在某些特殊情况下资本管制措施使用的合理性。但是，在研究时还是更多地使用资本账户开放的概念。

在借鉴了新的资本流动自由化框架后，本书认为，资本账户开放主要是指消除限制资本流动的措施，这些措施既包括对支付和资本转移相关的资本交易的限制，也包括货币兑换的限制，但并不排除特殊情况下的审慎监管措施，以及暂时性的重新征税等资本流动管理措施，但需说明的是，特殊情况（如威胁金融稳定或国家安全）下仍可采取审慎监管或临时性管理措施。各国已经认识到要推动资本流动的自由化，需要在稳健和可持续的宏观经济政策背景之下，加强对配套部门的改革。同时，资本账户开放应有整体而灵活的计划，遵循合理的步骤。综上所述，资本账户开放并不是金融自由化改革的最终目标，而是广泛经济改革政策的一部分，因此资本账户开放应嵌入到结构性改革和宏观经济政策的整体设计中，不是孤立的政策目标，而是与结构性改革、宏观经济政策以及金融体系政策相协调。

鉴于拉美主权债务危机和转型经济体的改革，本书认为：第一，经济自由化改革并不是简单的、全面的私有化，而是以建立诚信、契约精神为基础的市场经济体制为最终目标，同时辅之透明、有效、相配套的宏观经济体制和市场监管制度；第二，促进经济的外向型发展和创建外向型经济体制并不是利用国际资本并购国内企业，而是提高经济的对外适应能

---

① 用于表示限制资本自由流动的管制措施正逐步消除。

力和经济效率，使本国经济和金融体系在国际上具备较强的竞争力；第三，虽然存在资本账户开放后发生金融危机的隐患，但是对外开放还是可以增强一国经济的质量；第四，完全的自由化和国际资本自由流动是不可取的，应该根据本国状况先取得一定的开放成果，然后在持续的开放中获益。

二、不同形式的国际资本流动

资本账户的限制措施涉及一系列项目，包括FDI项目[1]、股权投资项目、债务资本项目、其他资本市场工具[2]、贸易信贷和其他信贷、金融信贷、货币市场工具、衍生品项目（Financial Derivatives）等，每个项目由不同投资工具构成，且伴随着相应的收益和风险。衍生品项目风险较大，信贷项目和货币市场工具随着一国贸易的发展和货币市场的发展逐步开放，因此主要的争议在于FDI项目、股权投资项目和债务资本项目的开放。

本书根据研究目的和国际资本流动对一国流动性的影响将国际资本流动分为国际债务资本和国际股权资本。本书将直接影响一国流动性和利率的国际资本流动称为国际债务资本流动，将直接介入一国企业的投融资活动以及间接影响利率和流动性的资本流动称为国际股权资本流动。

按照这个标准，国际债务资本包括债务资本项目和货币市场工具，以及信贷项目，差异在于债务资本项目的投资标的为债券，包括国债、公司债、金融债等，以及某些信托类投资品等，是长期类投资工具；而货币市场工具包括央行票据、回购和2008年国际金融危机后设立的创新型工具等，是短期类投资工具。同时，本书认为租赁的形式类似于国际债务资本流动[3]。

---

① 直接投资的形式包括股本、利润再投资以及公司内部交易相关的其他资本，与证券投资的区别在于其拥有企业10%以上股权，并对公司管理享有一定的发言权，分为国外直接投资（资本流入）和对外直接投资（国内企业海外投资，资本流出）。

② 股权投资项目、债务投资项目和衍生品项目在IMF编写的《国际收支手册》第五版中为证券投资，是指有价证券的交易活动，包括股票、债券、货币市场工具以及金融衍生工具等。

③ 租赁需要每年支付使用费用，类似于支付利息。我国21世纪之前的资本流动中，以国际租赁形式的资本流入占的比重较大。

国际股权资本包括 FDI 项目、股权投资项目和衍生品项目等，差异在于：FDI 项目是长期类的投资工具，存续期在一年以上；而股权投资项目和衍生品项目多为短期类的投资工具。从股权占比来看，FDI 项目投资是指拥有企业 10% 以上股权的投资工具，并对公司管理享有一定的发言权，绿地投资达到 100% 的股权；而股权投资项目所占的比重较小，衍生品项目并不涉及公司的股权。由于衍生品项目的开放风险较高，因此衍生品项目的开放一般放在最后。国际股权资本主要涉及 FDI 项目和股权投资项目。

本书认为，国际债务资本和国际股权资本的主要区别在于：

第一，对一国的流动性和利率的影响。国际债务资本流入会增加一国的流动性，对利率产生直接影响；国际股权资本流入直接介入一国企业的投融资活动，对流动性并不产生直接影响，但最终会对一国的流动性和利率产生间接效应。

第二，流通的渠道不同①。无论是长期的债务资产，还是短期的货币市场工具，对于一国债务资本的交易和清算主要通过金融中介进行；而对于股权的交易和清算，主要是在金融市场和股权交易中心进行。

第三，所依赖的法律基础和制度不同。债务资本交易的主体是债务人和债权人，由于债务人享有更多的信息优势，而债权人无法参与债务人的企业的经营活动，因此法律更注重对债权人的保护，但是在国际资本市场上，企业违约和国家违约的情况依然时有发生；股权交易的主要风险是股东和管理层之间的矛盾，股东追求的是股东财富最大化，而企业经营者的目的是利润最大化，两者在一定程度上的利益并不一致，由于企业经营者具有信息优势，因此法律更倾向于保护股东的利益。

第四，收益和风险不同。国际债务资本和国际股权资本除了都会承担汇率风险、资产价格下跌风险、国家政治风险、开放政策风险（如一国突然间对资本流出采取管制措施）之外，还要各自承担其他风险。例如，国际债务资本可能需要承担债务人无法还本付息的风险，而国际股权资本则需要承受破产清算从而导致投资无法收回的风险。

---

① 涉及企业融资、金融结构，以及微观和中观层面的研究。

从收益来看，国际债务资本获得固定收益和汇率收益（当资本流入国货币贬值时，则表现为损失），国际股权资本则获得股息和资本利得，但是在公司破产清算时，债务资本的清算优先于股权资本。因此，从收益率来看，国际股权资本的收益率更高。

三、初始条件的定义

资本账户开放的初始条件指资本账户开放所需要达到的一系列条件，这些条件既包括静态的条件，也包括动态的条件（如政策调整）。从发展中国家开放的经验教训来看，一国在资本账户开放前应该具备一定的条件，否则无法承受大规模国际资本流动的冲击。

对发展中国家而言，资本账户开放是一国经济发展到一定阶段后，提升经济竞争力的重要举措，是一国从封闭型经济向开放型经济转变的重要步骤之一。一国不仅需要在宏观上达到条件，还应考虑本国微观主体的适应能力和调整能力，因为在封闭型经济中受保护的企业和金融机构缺乏竞争力，金融市场发展不足，企业缺乏创新能力和国际竞争力。而国际资本能够轻易地通过各种兼并收购和金融操作渗入到各个产业，甚至在完整的产业链中占据重要地位或主导地位，从而影响到国内经济的方方面面。

麦金农的经济自由化次序理论将资本账户开放置于经济自由化的后期阶段，认为在资本账户开放前应具备一系列条件，包括金融深化、财政平衡等，强调发展中国家的金融发展不完善，实行经济自由化的条件不足。随后，国内外学者都对资本账户开放的条件进行了研究。雷达和赵勇（2007）通过"门槛效应"的方式来定义资本账户开放所需要的一系列前提条件，肯定了初始的国民收入水平、金融发展、制度建设、贸易自由化的发展对发挥资本账户开放的经济增长效应的重要作用。邓敏（2013）不仅采用门槛回归构建了资本账户开放的宏观条件的评估系统，更引入了自然科学和经济学理论研究中的"混沌理论"来分析资本账户开放的初始条件定义。他认为，初始条件的微小差异将导致结果的巨大差异。经济系统是复杂的、非线性和不确定的，"路径依赖"和"蝴蝶效应"的影响机制会使初始条件产生微小的差异，最终导致巨大的结果差异。邓敏（2013b）将对一国的资本账户开放的效应具有明显影响的经济金融因素的综合称之为资本账户开放的初始条件，不仅具有静态上的定义，也具有动态性质。

本书借鉴已有研究，认为资本账户开放的初始条件不仅需要关注一国在宏观上是否达到开放的条件，还应关注微观主体的适应能力和国际竞争力。本书针对国际资本流动的研究构建了微观基础，深度研度国际资本流动对一国的影响。这对发展中国家具有一定的意义，因为发展中国家的微观企业国际竞争力弱，如何通过资本账户开放提高市场竞争力，促进企业发展，也是发展中国家的重要课题。

第二节　资本账户开放的初始条件相关文献综述

大量的经验研究表明，当一些发展中国家的金融自由化存在偏差时，资本账户开放会对一国经济造成巨大冲击。经济学者和国际组织对资本账户开放进行重新审视后认为，造成此种严重后果的重要原因是一些发展中国家在初始条件不足的情况下实施了资本账户开放。

一、资本账户开放的收益和风险

（一）国外学者的研究

资本账户开放的收益主要表现为加快经济增长的速度和提高经济增长的质量，风险主要表现在国际资本流动的剧烈波动和超过国内市场的承受能力，以及造成经济脆弱性上升和金融危机。

资本账户开放的收益主要表现在通过资本流入增加一国的资本积累、促进资源配置、提高生产率（Forbes，2005；Henry，2007[1]），进而促进经济增长，最终有利于促进一国居民分散化投资从而改善投资和促进消费平

---

① 这两篇文章都从微观角度分析了资本流动管理的成本和造成的扭曲。Henry（2007）从宏观经济模型出发进行分析，理论上探讨了资本账户开放并没有促进经济增长的原因，资本账户开放的经济增长效应可能是瞬时效应，而不是长期效应，并分析了实证研究没有得出资本账户开放的正效应的原因在于样本选择和时期选择。

滑，提升居民福利。

在宏观层面上，首先，资本账户开放有利于一国通过吸引国外资本缓解资本不足的问题[①]，并通过分散化投资来规避一定的风险[②]，同时推进贸易自由化和促进金融市场发展。一国通过资本流入尤其是 FDI 流入可以引进科技和管理经验，并培养一批高素质的产业技术工人，提高一国的人力资本水平。

其次，资本流动还具有间接效应，如促进金融行业发展、提高宏观经济政策纪律、促进贸易开放和提高经济效率（Prasad et al.，2003 ；Kose et al.，2009）。随着新制度经济学和金融理论等其他理论方面的发展，有学者开始关注资本账户开放的间接效应，强调资本账户开放通过倒逼金融发展、促进制度质量提升和完善公司治理等间接渠道促进了经济增长，而且间接效应的作用很大（Kose et al.，2005 ；Chinn and Ito，2006）。Kose 等（2009）认为，金融全球化对金融发展、制度质量、监管和宏观稳定的间接效应与催化作用可能远比资本流动和资产多样化的直接效应重要。

最后，资本流动可以改进福利和经常账户失衡状况，促进投资和消费平滑，通过分散化投资改善居民资产配置（Ishii et al.，2002 ；Kose，2003 ；Henry，2007 ；Dell'Ariccia，2007 ；Chen et al.，2012）。

在实证分析上，资本账户开放对经济增长的效应并不显著。大部分的实证文献没有得到资本流动促进经济增长的结论（Grilli and Milesi-Ferretti，1995 ；Rodrik，1998）。Prasad 等（2003）在其所列的 14 篇文章中，只有 3 篇发现金融全球化对发展中国家的经济增长存在正向效应，大部分文献没有发现直接效应或者间接效应。

---

① 双缺口模型认为，通过资本账户开放有助于缓解发展中国家的储蓄缺口和外汇缺口，从而有效促进经济增长。

② 但存在对于本国偏好（Home Bias）的讨论，即在国际金融市场的股权投资上，即使存在海外分散化投资的溢出，但投资者仍持有较大规模的国内资产（French and Poterba，1991；Coeurdacier and Rey，2013）。更进一步的分析认为，即使投资者投资海外资产，也会选择与本国资产收益率相关性较高的海外资产（Aviat and Coeurdacier，2007），这降低了分散化投资的潜在收益，造成了与本国偏好的复合损失，这被称为相关性难题（Correlation Puzzle）（Huberman，2001；Barberis and Thaler，2002）。

1. 从定性分析看

第一，宏观经济模型认为在给定的货币政策利率下，资本流入将导致货币升值，不利于出口，从而降低产出。Blanchard 等（2016）通过理论分析认为，资本流入存在两种效应：一是货币升值，不利于产出；二是降低金融成本，促进产出。占主导地位的效应将决定资本流入对经济增长的总效应。

第二，Henry（2007）分析了没有产出效应的原因：一是理论上资本账户开放对于经济增长是瞬时效应，实证分析要检验的是长期效应；二是实证分析的样本包含发达国家和发展中国家，但理论显示，资本账户开放的效应对两种类型的经济体是不同的；三是测量资本账户开放的变量有误差。

2. 从实证分析看

资本账户开放的经济增长效应还与资本流动的结构和初始条件的门槛效应有关。Eichengreen（2001）认为，这与资本账户开放的指标选择、样本期限差异、样本国家差异有关。

许多国家推进资本账户开放进程中在政策和制度建设上面临的难题是：如何有效地吸引资本并将其引导到生产性投资领域。国际资本流入有助于弥补国内储蓄，促进国内投资，通过绿地投资的方式还可以获得技术溢出。结构性改革有助于增强经济体的资本吸收能力，这些措施包括发展国内债券和股权市场、丰富金融产品、加强金融监管、简化审批手续。需要长期和大规模筹资的基础设施建设可以利用非居民投资，而发展良好的本地债券市场有助于提高这些资源的整合能力。资本市场的发展可以提高资本输入国的资本吸收能力，降低因资本流入激增而产生的波动性。

（二）我国学者的研究

我国学者对资本账户开放的收益的认识是比较全面的，资本账户开放会对我国的经济增长产生积极影响（胡祖六和金荦，2001；高禄和葛菲，2023），但资本账户开放也存在风险，开放政策实施不当会损害中国经济的发展（高海红，1999；姜波克，1999；张礼卿，2021，2022）。因此，中国的资本账户要有序地开放才能促进经济增长（余永定，2000；管涛，2001；张志超，2003；景学成，2004）。

黄继炜和翁东玲（2010）认为，资本账户开放对经济增长的促进作用表现在六点：一是弥补资金缺口；二是优化资源配置，资本账户开放将本国金融市场和国外金融市场联系起来，有利于促进本国金融发展，将储蓄资源分配到生产率最高的地区和行业；三是FDI产生的知识溢出效应，通过吸收外资，有利于技术进步和现代管理经验的推广；四是促进结构调整，有利于发展中国家利用自身的优势发展自己的产业，并促进产业结构调整；五是国际资本流动有利于提高全世界的资本利用效率，提高生产率；六是有助于国际投资，在发展到一定阶段后，本国的对外投资有利于本国财富的积累。但也有学者从经济脆弱性角度认为这种效应会存在问题，张明（2016）认为，资本账户开放有助于优化资源配置在原则上没有问题，但在现实世界中存在挑战：一是由于金融脆弱性的存在，过快开放资本账户很可能导致经济危机；二是金融市场门槛的存在。

对于资本账户是否开放，国内学者意见不一，2012年，中国人民银行调查统计司课题组发表了《我国加快资本账户开放的条件基本成熟》的报告，但林毅夫、余永定等学者不支持资本账户完全开放。共识是资本账户开放是我国改革的一部分，对于人民币可兑换具有重要的促进作用，是一个迟早要实现的目标。分歧主要集中在资本账户开放的尺度，以及"逐步开放"具体是怎样的速度，需要我国达到什么样的条件。因此，争论的焦点是我国是否做好了应对风险的准备。

国内关于资本账户开放与经济增长的研究中，定性研究多，定量研究少，尤其是对资本账户开放影响经济增长路径方面的研究更少。

无论是国际学者还是国内学者，对于资本账户开放是否促进经济增长还没有达成共识。一方面与选取的样本国家、计量指标、时间区间和运用的实证方法不同有关；另一方面也与各个国家的政治、经济、文化等基础条件不同，对国际资本的承受能力和吸收能力不同有关。

二、资本账户开放的结构效应

资本账户开放的结构效应认为，FDI资本等长期性资本的流动可以促进经济增长（Razin and Sadka，2001），江小娟（2002）从资本账户开放的间接效应来分析，认为外资的技术扩散效应、技术竞争效应和技术应用效应能促进一国的经济增长[①]。总的来说，FDI 能够促进技术进步、提高生产率、促进经济增长。高禄和葛菲（2023）分析了不同形式的国家资本对国内经济的影响机制，以及国内因素的制约效应。

债务资本流动存在不确定性，甚至还会导致金融或债务危机。例如，债务资本的流入可能导致金融过度、投资繁荣，从而为金融稳定埋下隐患（货币危机的第一代模型和第二代模型）。但 Ostry 等（2010）认为，即使是金融行业的 FDI 流入也不利于经济增长和金融稳定。

短期资本流动容易引起经济脆弱性上升，同时剧烈波动的资本和过度借贷会造成一国的资产错配、货币错配等问题，均会对本国的金融体系造成冲击，诱发金融危机，对本国经济产生不利影响。经济危机和资本账户开放在计量上的关系还不是很明确，这些分析主要关注一国是否满足资本账户开放之前的条件，同时，即使是那些采取资本流动管理和重新实施管制的国家，也在危机中因资本流动的传染效应受到影响。

近期的金融风险表明，即使是那些金融体系发达、经济具有高度开放性的国家，也难以承受大规模剧烈波动的资本流动带来的冲击。例如，发达国家"有效"的金融监管并不能阻止资产泡沫的发生，外部融资的廉价资金虽然带来了国内需求的繁荣，但最终因道德风险等问题带来了信贷扩张，酿成了经济的苦果。金融监管的无效并不是要否定资本自由流动，而是提示政策制定者对开放的风险保持警惕。因此，一方面，在开放过程中需要建立稳健的审慎监管框架来应对资本流动的风险；另一方面，金融创新也会带来大规模资本流入。

三、资本账户开放的初始条件

（一）国外学者的研究

国际组织和国内外学者普遍认为，一国只有达到一定的条件才能从资

---

① Razin 和 Sadka（2001）主要从 FDI 资本的本土化生产并促进一国的资本积累的角度来讨论；江小娟（2002）主要从外资的技术扩散效应、技术竞争效应和技术应用效应来讨论。

本账户开放中获益。

首先，需要确定哪些国内初始条件对资本账户开放的经济增长效应有重要影响。有研究表明，收入和经济发展水平、种族语言文化差异、金融发展差异、制度质量[①]差异、开放次序的适当性都会影响到资本账户开放的效应。Kose 等（2009）和魏尚进发表在 IMF 期刊上的文章[②]认为，资本账户开放需要一系列初始条件；金融发展程度较低、金融监管体系不健全、制度质量不高、缺乏稳健的宏观经济政策的经济体容易受到冲击并导致金融危机。同时，本国贸易自由化程度的提高会为资本账户开放的平稳推进创造有利条件。资本账户开放和初始条件之间的相互关系会影响资本账户开放的经济增长效应和风险，这并不是说达到初始条件就可以进行开放，而是在不具备初始条件时更应该谨慎开放。

制度质量对资本账户开放的经济增长效应的影响是不确定的。从微观层面讲，腐败导致的制度质量低下提高了经济运行的成本，进而影响到企业的经营决策，导致企业削减投资，不利于企业成长。从资本流入结构来看，直接投资偏好高制度质量的国家，特别是该国的高科技公司。Kose 等（2009）发现，本国金融和制度发展与资本账户开放的效应存在显著相关关系。Kunieda 和 Shibata（2014）认为，资本账户开放放大了高腐败国家的腐败对经济增长的负面效应。但是，Kraay（2002）、Bekaert 等（2005）、Quinn 和 Toyoda（2008）等认为，开放的经济增长效应并不依赖于制度质量。

金融发展反映一国对资源的动员和运用能力，完善的金融体系有利于将资金配置到合适的产业中，资本账户开放后金融体系的吸收能力关系到一国开放后的金融稳定。微观渠道上，当国内金融发展程度处于低水平时，实际利率较高。开放后，发展中国家的高收益率吸引国际资本流入，无效率的企业和高效率的企业都受益，资产价格的上升带来繁荣，但这种繁荣是不可持续的，会随着有效率企业比重和 TFP 的下降而崩溃。因此，资本

---

① 制度质量也应该包括金融行业的监管条例、金融法律等。

② 文章坚持资本账户开放的方向，没有考虑资本流动管理的内容，主要从资本账户开放的角度分析一国应达到的条件，并不涉及政治方面的因素。

账户开放需要建立在一定的金融发展的基础上。

宏观渠道上，一方面，金融发展提高了资金配置效率[①]；另一方面，金融发展具有质量提升效应，能够促进全要素生产率的提高。Kose 等（2009）甚至认为，金融发展是决定资本项目开放能否促进经济增长的关键因素。

金融发展对资本账户开放的重要影响体现在：金融发展可以提高对流入的资本的运用能力，对资本流入结构产生影响，并影响对资本流入规模的承受能力。因此，金融发展程度低和金融结构不合理是资本项目开放的重大风险隐患。此外，金融监管的不完善也是资本项目开放的潜在风险。

对于初始条件的门槛效应，Noy 和 Vu（2007）、Kitano（2011）分别分析了制度质量和金融发展的影响，都认为其在较高程度上可以发挥资本账户开放的积极效应。Eichengreen 等（2011）的分析也认可金融发展和制度质量在资本账户开放过程中的重要性。

（二）国内学者的研究

我国学者很早就关注资本账户开放的条件，姜波克（2004）认为，资本账户开放的前提条件包括：稳定的宏观经济状况；一定的经济发展水平、规模和竞争力；高效稳健的金融监管体系；适宜的汇率制度；一定规模的外汇储备，可维持的国际收支结构，以及适宜的开放顺序等。Levine（2004）认为，中国资本账户开放应具备的条件包括：较高程度的经济发展水平以及稳定的宏观经济状况；有效的金融改革和金融监管；完善的市场体系；有效的汇率机制；可维持国际收支平衡的国际储备；实现利率市场化；有效、灵活和正式的货币市场。国内学者认为，利率市场化改革和汇率改革，一定的外汇储备都是资本账户开放的前提条件。张礼卿（2000）将国内企业改革作为资本账户开放的前提条件提了出来。吴信如（2006）分析了金融影响资本账户开放效果的机制，并采用古典宏观经济模型分析了这种影响。他认为，无论是资本流入的开放还是资本流出的开放无疑都是重要的。胡援成等（2009）认为，健全的财政也是一个重要的条件。高

---

① Goldsmith（1969）指出，金融是经济系统的中枢，在资金配置方面对整个经济体系发挥着重要的作用，Levine（2004）认为，金融发展使资金漏余减少，储蓄转化为投资的程度更高。

禄等（2019）分析了资本账户开放过程中的债务水平的限制性效应。

实证分析上，雷达和赵勇（2007）将一国的初始人均国民收入水平、金融发展和贸易自由化状况作为资本账户开放的初始条件进行门槛回归。邓敏和蓝发钦（2013）、高禄和车维汉（2018）、王曦等（2021）采用门槛回归方法分析了金融发展、制度质量、宏观管理水平等因素在开放中的门槛效应。喻海燕和范晨晨（2018）、彭红枫等（2020）分析了制度质量的重要性。喻海燕和范晨晨（2018）从防止资本外逃角度分析，彭红枫等（2020）从经济增长角度分析，金融发展程度高的国家，提高制度质量更有利于发挥资本账户开放的积极效应。王茜等（2022）分析了杠杆率的门槛效应，高杠杆率会提高资本账户开放的风险。

邓敏和蓝发钦（2013）将资本账户开放的初始条件分为两个层面的内容：一是自动调节机制，即经济体通过市场力量来实现内外均衡的调整，主要包括金融发展、制度质量和贸易自由化，这些因素通过资本成本、交易成本和贸易自由化的变化促使内外经济趋于均衡，自动调节机制代表了经济模型中的完备市场制度。二是政策调节机制，即政府用政策干预经济运行实现内外经济的均衡，以弥补自动调节机制的缺陷，主要包括货币政策、财政政策、产业政策和宏观审慎政策的优化或组合，以及各项政策的实施空间等。一国拥有不同的初始条件的组合，当这些初始条件达到资本账户某个子项目的开放条件时，便推动该子项目的资本自由流动，不同子项目的开放程度随一国初始条件的变化而动态调整。

四、文献评述

资本开放的初始条件很好地概括了对发挥资本账户开放有积极影响的国内条件，金融发展、制度质量和宏观经济条件在资本账户开放中各自发挥着不同作用，对于开放进程的平稳进行都很重要，但这些初始条件是如何影响资本账户开放的效应，即如何造成了门槛效应，并没有理论模型的分析，缺乏一定的科学性。

资本账户开放的结构主义发现，不同的资本流动具有不同的效应，其认为 FDI 投资能够促进经济增长，债务项目投资和短期股权投资对经济增长不利，提高了开放的风险，但忽视了不同项目资本的门槛效应，当国内的初始条件达到一定水平时，债务项目投资和短期股权项目投资也能促进经济增长。虽然一些学者（邓敏和蓝发钦，2013）做了实证分析，但是并没有阐述影响机制和原因。

总的来说，资本账户开放的结构主义和初始条件的研究既没有结合起来，也缺乏一定的微观基础，这就为本书的研究指出了方向。本书将两者结合起来，既分析了不同形式的国际资本对企业的影响，也分析了不同的国际资本的影响机制和门槛效应，丰富和完善了以往的研究。

第三节　资本账户开放进程中的应对措施文献综述

（一）国外学者的研究

三元悖论作为金融自由化政策的基石，指一国在稳定的汇率、独立的货币政策、资本自由流动三个目标中，最多实现两个，若是选择资本自由流动，则需要放弃稳定的汇率或者独立的货币政策。Mundell（1963）认为，在固定汇率制和资本完全流动条件下，一国无法实现独立的货币政策。因此，大多数发达国家选择资本自由流动和独立的货币政策，以及浮动汇率制的组合。20世纪90年代兴起的"双角点"和"中间制度空洞化"进一步强化了三元悖论的想法，其核心思想是，在允许资本自由流动的情况下，一国只能采取汇率自由浮动的汇率制或严格的固定汇率制，任何介于两者之间的中间汇率制度（盯住一篮子、区间浮动、爬行盯住）都会导致危机的发生[1]。Aizenman等（2011）构建了三元悖论指数之后，有学者对三元悖论进行实证研究。

Rey（2013）提出了"二元悖论"，这并不是否定"三元悖论"，而是通

---

[1] 随着金融危机的频繁发生，学者认识到资本自由流动可能会使独立货币政策和固定汇率都无法保持。Shambaugh（2004）通过实证研究发现，不管一国是否选择浮动汇率，都与基准国的利率存在联系，都会丧失一部分货币政策独立性，汇率越趋向于固定汇率，受基准国的利率影响越深，货币政策的独立性越差。

过实证研究论证了适度资本管制的有效性。"二元悖论"认为，资本自由流动与货币政策独立性不可兼得，而与该国采取何种汇率制度无关，意味着除非对资本账户进行直接或间接的管制，否则一国难以保持货币政策独立性。当资本管制较严时，本国经济的运行和跨境资本的流动就与国外的风险因素相互隔绝；如果没有资本管制，金融开放程度比较高，不管有没有浮动汇率制度，所有发展中国家都会面临相似的货币政策独立性困境。从跨境资本的角度考虑，当全球经济较好时，资本会从发达国家流动到发展中国家；当经济不好时，资本会反向流动，离开发展中国家。

无论是理论分析还是发展中国家开放的实践经验，都反映了三元悖论对于发展中国家实施资本账户开放的指导意义。

首先，当一国的条件未达到开放要求时，即还未建立起适应开放的经济体制时，资本自由流动是危险的，此时实施渐进式开放策略尤为重要。完全的资本自由流动并不是十分合理的，开放尺度应该取决于一国在一定时期的基本情况，即金融发展、制度方面的条件以及宏观经济政策应对框架和审慎监管政策的实施情况。各国可以将资本自由流动作为长远的目标，在短期内谨慎地推动开放进程，同时在金融体系和制度方面未达到资本自由流动时，还可以利用开放来推动这些因素的发展。Mishkin（2009）指出，金融全球化通过降低金融抑制，提高行业竞争程度、金融行业效率、金融行业监管和标准化等方面，可以间接加速金融发展。但是，即使金融体系和制度方面达到了门槛条件，也无法完全消除开放后的风险。因此，谨慎、适宜的开放是必需的。

其次，金融体系的稳定和改革是资本账户开放次序选择的中心问题（Johnston et al，2000；Ishii et al.，2002）。利率市场化改革是最紧迫、最困难的改革，特别是推行存款保险制度、打破"刚性兑付"、增强金融机构风险防范和风险意识的措施，都是必须推进并完善的。汇率自由化的改革是相对容易推进的，开放过程中增强汇率弹性是必要的，僵化的汇率机制难以自主调节经济失衡，容易引发金融危机。僵化的汇率机制对一国开放中的风险主要体现在：一是导致货币政策独立性的丧失；二是引起国际收支状况失衡；三是导致金融体系受到冲击。

最后，传统宏观经济工具在大规模资本流入管理上效果有限。2010–2011年，IMF逐渐承认了资本管制措施的合理性，进一步提出了资本流动管理工具的新概念，并以此为核心构建了资本流动管理框架（Capital Flow Management Measures，CFMs）。IMF强调，应利用多种政策组合管理，而非简单地考虑是否施加资本管制。除资本管制外，宏观经济政策、宏观审慎政策也是基金组织提出的重要应对工具，共同构成了基金组织资本流动管理的政策操作框架。Ostry等（2012）认为，资本流入对一国经济的影响渠道主要为：一是宏观经济渠道的影响，表现为在资本急剧流入时会引起该国货币升值、外汇储备积累、冲销干预增加以及货币政策和财政政策受到影响；二是金融渠道的影响，主要表现为资本急剧流入造成一国对外负债过多，无论是通过金融中介进行的借贷，还是本国居民直接从国外借贷，都将造成本国金融体系和经济脆弱性上升。

在新框架中，IMF认为，应对资本流动应采取全面的有针对性的政策，包括采取宏观经济政策操作、宏观审慎监管和资本管制。Ostry等（2011）阐述了资本流动管理政策的定义与工具，区分了资本流动管理政策与宏观经济政策、宏观审慎监管的区别和联系，并提出了实施资本流动管理政策的时机。宏观经济政策操作主要针对资本流动对宏观经济产生的影响，如汇率升值、经济过热、外汇储备不足等；宏观审慎监管主要应对资本流动造成的金融风险，如金融机构外部负债率较高、资产价格快速上升等，当宏观经济政策和审慎监管不足以应对资本急剧流动状况时，采用资本管制措施。

（二）国内学者的研究

我国学者根据各国的政策实践，认为在三者目标之间存在折中组合。易纲和汤弦（2001）提出了X+Y+M=2的公式，其中X、Y、M分别表示汇率、货币政策和资本自由流动程度，每个变量的取值在0~1之间，存在多种可能的组合。中间汇率制度不仅在理论上成立，在现实中也得到了实践。靳玉英和周兵（2014）对三元悖论的中间选择进行了实证研究，认可"中间化"的三元悖论框架有利于新兴市场国家的资本账户开放进程和金融稳定。国内学者还认为，开放时实施的政策大多包括有效的金融改革和金融监管、有效的汇率机制、可维持国际收支平衡的国际储备，以实现利率市场化，建立有效、灵活和正式的货币市场。彭红枫等（2018）认为，浮动汇率与资本账户开放的组合有利于提高福利，中国应协调推进资本账户开放和汇率改革，在汇率市场化前，应保持一定的资本管制。但也有关于二元悖论的其他讨论，刘金全等（2018）认为，存在二元悖论。张礼卿和钟茜（2020）认为，在资本账户开放进程中，浮动汇率并不能保证货币政策完全独立。金融渠道传导速度快于实体经济传导渠道会导致一国只能跟随美国货币政策，丧失货币政策独立性。

二元悖论的存在也为实施一定的资本管制提供了依据。鉴于 IMF 等国际组织对于资本账户开放认识的变化，我国根据实际情况也正在积极构建适合国情的资本流动管理框架，但还处于探索的阶段。目前，我国正积极构建以"一行三会"为主导的宏观审慎框架。张萍等（2014）阐述了 IMF 倡导的资本流入管理框架。熊爱宗（2016）则将管理框架分为资本流入管理、资本流出管理和国际资本流动政策协调等。张泽华和周闯（2019）分析了资本账户开放中宏观审慎管理和货币政策的组合，开放程度较高时，适合采取动态宏观审慎监管政策。

（三）文献评述

无论是国际学者，还是国内学者，从理论到实践，资本账户开放的政策分析都与三元悖论相关。以三元悖论为主要框架的一系列措施，较好地概括了资本账户开放中宏观变量之间的相关关系，但是没有考虑现实状况的微观层面。发展中国家并不像发达国家一样，其金融市场不发达、货币政策传递渠道不顺畅、汇率机制的改革牵一发而动全身，央行的独立性也受到限制。

同时，发展中国家的企业与发达国家的企业相比，由于企业竞争力弱，大多采用外部融资，企业股权结构不明晰，政商关系较紧密。因此，在实施资本账户开放的政策时，不能忽视发达国家和发展中国家在微观企业上的区别。发展中国家更应该关注国际资本流动对微观企业的影响。

第四节　本章小结

本章阐述了关于资本账户开放的初始条件以及应对措施的国内外学者的研究内容。资本账户开放有利于促进一国的经济增长，但也具有风险，为了更好地获取资本账户开放的收益，同时降低开放的风险，一国应在金融发展、制度质量等方面达到一定的条件，并按照"三元悖论"理论构建宏观经济政策框架。但已有研究尚未将资本账户开放的结构主义和初始条件的"门槛效应"研究结合起来，也没有深入研究国际资本流动对微观主体的影响。因此，本书从微观基础出发，将两者结合起来，既分析了不同形式的国际资本对企业的影响，也分析了不同国际资本的影响机制和门槛效应，丰富和完善了以往的研究。

第三章　发展中国家资本账户开放的历程与现状

前一章阐述了资本账户开放的国内外研究现状，本章从发展中国家资本账户开放的历史来描述发展中国家资本账户开放的历程，并通过对比研究来分析发展中国家资本账户开放中的经验教训，以及发展中国家资本账户开放中存在的问题。

第一节　发展中国家资本账户开放的历程

本节从国际货币体系的角度阐述发展中国家资本账户开放的历史。从历史角度来看，资本账户的开放并非始于布雷顿森林体系解体，而是经历了从自由流动到资本管制，再到资本账户逐步开放的过程。近年来，随着现代经济制度的调整和变化，资本对经济发展的重要作用得到认可，资本账户开放得到发展中国家的重视。

一、资本自由流动时期

这一时期是指世界殖民体系建立至20世纪60至70年代的民族解放时期，即使是在"一战"和"二战"期间，国际上处于资本管制时期，宗主国和殖民地之间的资本流动也不受限制。殖民地对宗主国的资本采取无限制措施，但对其他国家的资本则设置壁垒。半殖民地则对各帝国主义的资本采取无差别待遇，比如条约里会规定最惠国待遇。从国际货币体系来看，这一时期主要与金本位制时期和金汇兑本位制时期相重合。

在资本自由流动时期，亚非地区多为帝国主义国家的殖民地和半殖民地，表现为殖民地经济，是帝国主义国家的原料产地和商品倾销地；拉美国家的经济也深深受到欧洲国家和美国的影响，国际债务资本流动多为帝国主义国家利落后国家政府破产之际控制其财政，如对墨西哥的借款、对埃及的借款等，这些债务资本流动本质上是帝国主义的侵略行为，表现为利息高、负担重、期限长、附带政治要求，是帝国主义国家通过借款控制一国的行为。股权资本流动多为掠夺他国资源的行为，或为参与他国铁路等交通的建设，借以控制落后国家交通大动脉，方便其侵略行为。

1816年，英国率先实行金本位制以后，欧洲其他国家和美国也相继实行了金本位制。在第一次世界大战之前，国际货币体系主要实行金本位制，只有中国等少数国家实行银本位制。在金本位制时期，各国货币可以自由兑换成黄金，黄金的国际流动未受过多限制，因此资本管制问题几乎不存在。金本位制的主要特征是以黄金为本位货币，实行黄金的自由铸造、自由流通和自由输入和输出。对于实行金本位制的国家来说，各国都以金币为本位货币，并且根据各自货币的含金量确定与其他国家货币的兑换关系。由于各国的货币都可以自由兑换成黄金，所以在黄金自由输入和输出的条件下，一国的通货实际上可以无限制地自由兑换成另一国的通货。因此，在1914年以前的金本位制下，黄金在黄金输送点范围内自由流动，各国对黄金的自由流动并未过多地限制，具体表现为资本自由流动。

第一次世界大战爆发以后，英国关闭了伦敦黄金市场，禁止黄金输出，国际金本位制随之崩溃。由于除美国和日本外的参战国在"一战"中受到了重创，欧洲国家无论是战胜国还是战败国的经济都接近崩溃的边缘，金本位制已经难以恢复。"一战"后的金汇兑本位制有别于金本位制，居民只能在特定范围内向中央银行用纸币兑换黄金，黄金在国际范围内不能自由流通。因此"一战"以后的货币兑换是有条件的，资本账户也不是完全开放的，存在着国家对外汇的管制。

随着1929年世界性经济危机和大萧条的到来，各国的国际收支失衡，各国纷纷实行贸易保护政策和外汇管制，并且实行严格的外汇管制取代原来的货币自由兑换，金汇兑本位制被彻底摧毁。同时，英国、法国、美国等国家为了维系本土与殖民地之间的金融贸易联系，分别建立了英镑区、法郎区、美元区等货币集团，进一步扩大了外汇管制的范围。广大的亚非拉地区仍然处于殖民地或半殖民地的地位，经济上依附于宗主国，因此开放只限于和自己的宗主国之间。

二、资本管制时期

这一时期从"二战"开始直至布雷顿森林体系崩溃为止。第二次世界大战，世界分为两大阵营：轴心国、同盟国，两大阵营间没有经济往来，国际资本流动处于管制状态，战争的破坏造成战后物资匮乏，因此贸易限制、经常项目管制和资本账户管制就成了改善国际收支和积累外汇储备的有效措施。在20世纪五六十年代，凯恩斯主义在西方国家盛行，其主张政府对经济的干预，一定程度上也为资本管制措施提供了理论支持。

"二战"摧毁了轴心国，"二战"后到布雷顿森林体系崩溃这一阶段的主要特征包括：①世界殖民体系瓦解，亚非拉各国纷纷获得独立，为了保持独立地位，消除帝国主义的影响，各国采取将外国资本收归国有的措施，同时实行资本管制以积累外汇储备便成了重要的手段，此时"冷战"的国际背景也不利于资本流动。②为了保持经济独立地位、建立自身的工业体系和尽快实现工业化，发展中国家实行进口替代战略，限制贸易和资本流动，国内经济缺乏资本流动的动机。③政治上，世界格局分成三大阵营：一是以美国为首的"西方自由世界"；二是以苏联为首的社会主义阵营；三是"第三世界"，包括中国和广大的亚非拉独立国家。在"冷战"时期，资本主义和社会主义的对抗是主题，任何的资本援助都是附加政治条件的，第三世界国家发起了"不结盟运动"，意图维持独立的外交地位，因此发展中国家的资本流入较少。④科技上，第三次科技革命悄然开始。第三次科技革命影响深远，但新科技、新发明大多发生在发达国家，由此拉开了发达国家和发展中国家的差距。发达国家和发展中国家的贸易多为"南北贸易"，与世界殖民体系时期的发展中国家提供原料和能源、发达国家出口工业品的国际经济体系并没有太大的区别。

这一时期发展中国家实行资本管制措施，其作用除了适应国际环境、国际货币体系之外，也符合发展中国家此时的经济体制和经济发展指导思想。资本管制的作用包括：一是限制不稳定的短期资本流动。二是限制外国资本对本国资源的垄断和控制。通过国际资本流动，外国资本可以实现对东道国生产要素、自然资源等的控制，形成对东道国的行业垄断，而资本管制的目的之一就是为了防止这种现象的发生。三是和国内的金融抑制相结合以维持国内储蓄，促进本国经济的发展。四是保持一国的课税能力。实行资本管制对金融交易、金融收入等征收的印花税、所得税等是一国税收的重要来源，而且有效的资本管制还有利于政府对国内居民征收铸币税和通货膨胀税。

三、资本逐步开放时期

随着第二次世界大战后经济的复苏，贸易自由化和经常项目开放逐渐推动了资本项目的开放。首先，20 世纪 70 年代末期到 80 年代，主要工业化国家普遍开放资本账户，而布雷顿森林体系的瓦解虽然提高了各成员国货币政策的独立性，但并未有效推动资本账户的开放；其次，石油危机的发生导致发达国家经济出现滞胀问题，国家干预政策失灵，各国经济政策纷纷转向市场自主调节，放松了对资本账户的管制；最后，最终推动资本项目开放的决定力量还是市场本身的发展——金融创新、跨国公司的兴起以及金融市场的全球化扩张都要求资本在国际间的自由流动。

与发达国家相比，发展中国家的资本项目开放具有很大的差异化特征。20 世纪 80 年代前，实施资本项目开放的发展中国家主要是在国际收支平衡中处于强势地位的国家，如印度尼西亚、新加坡和马来西亚。而 20 世纪 90 年代，开始实施资本账户开放的国家往往是外部经济环境不利或者拥有外债的发展中国家。

20 世纪八九十年代，"冷战"的氛围有所缓和。随着 20 世纪 90 年代发生的东欧剧变、苏联解体，"冷战"结束，对抗的氛围缓和，世界多极化趋势逐步形成，和平和发展成为时代的主题。随着世界局势的缓和，各国之间的经济交流随之频繁，国际资本流动的规模也日益扩大。这一阶段的国际资本流动与以前不同的是，国际资本流动多是由跨国公司推动的，以追求利润为目的，并不附加政治条件。因此，发展中国家纷纷开放资本账户以弥补国内资金不足的问题。

早在 20 世纪 60 年代早期，一些拥有离岸金融中心的国家和地区，如新加坡、中国香港、巴拿马，就逐步建立起较为宽松和自由的资本账户兑换环境。印度尼西亚于 1970 年在没有实现经常账户开放的情况下，开放了本国的资本账户，成为最早开放资本账户的发展中国家之一。20 世纪 70 年代后期，阿根廷、智利、秘鲁等拉美国家开始进行以金融自由化为主要内容的经济改革，减少对资本流动的限制，但随之而来的金融危机使这些国家又重新实行资本管制。20 世纪 80 年代出现了债务危机以及大规模的资本外逃，这些国家开始逐步放松对外国直接投资的限制，鼓励长期资本的流入，以改善外国资本结构。总的来讲，20 世纪 90 年代以前，发展中国家实行比较严格的资本管制。从 20 世纪 90 年代开始，多数发展中国家逐步开始开放资本账户。

亚洲地区的情况与此不同，自 20 世纪 70 年代末期以来，实施资本项目管制的国家数量一直稳定下降，而且在债务危机期间也未出现反复，这表明债务危机对东亚（菲律宾除外）的影响远小于对拉美的影响。特别是 90 年代以后，亚洲国家的资本项目自由化进程明显加速，但是亚洲金融危机的出现阻碍了东亚各国的资本账户开放进程。

非洲、中东和欧洲的发展中国家直到 20 世纪 90 年代初才开始出现较为明显的资本账户开放趋势。而转型经济体的资本账户开放自 1990 年以来发展迅速，这些转型国家包括捷克、爱沙尼亚、匈牙利、亚美尼亚、拉脱维亚以及波兰等。

四、资本流动管理时期

20 世纪 90 年代，IMF 积极推动资本账户自由化，要求所有成员国实现资本账户自由化，放弃对跨境资本流动的限制。但由于亚洲金融危机等相继发生，发展中国家对于开放持谨慎态度。次贷危机后，为了拯救经济，发达国家纷纷采用量化宽松货币政策，发展中国家普遍面临国际资本大规模流入的现实，资产价格泡沫和输入型通胀急剧恶化，但量化宽松政策的退出，又导致发展中国家遭遇资本大规模流出和"突然停止"等问题。发达国家货币政策的溢出效应和国际资本大规模流动对发展中国家的宏观经济稳定有重要影响。同时，发达国家使用"长臂管辖"实施金融制裁逐步增加，出现了"逆全球化"趋势，国际资本流动也开始考虑政治安全因素。

自 2008 年次贷危机以来，国际社会逐渐认识到直接投资对经济增长的重要性，但是短期资本、衍生品交易和套利交易通常会导致金融不稳定。因此，限制和管理国际资本流动被提出。例如，2009 年 10 月，巴西针对外国资本对巴西的股票和债券投资征税，对固定收益投资的税率由 2% 提高到 6%，对货币衍生品交易的税率为 1%。随后，越来越多的国家加入资本管理的行列，包括巴西、印度、墨西哥、秘鲁、哥伦比亚、南非、俄罗斯、波兰等。

传统宏观经济工具在大规模资本流入管理上效果有限。2010 年，IMF 承认了资本管制措施的合理性，2011 年进一步提出了资本流动管理工具的新概念，并以此为核心构建了资本流动管理框架。但同时，IMF 强调应利用多种政策组合管理，而非简单地考虑是否施加资本管制。除资本管制之外，宏观经济政策、宏观审慎政策也是基金组织提出的重要应对工具，共同构成了基金组织资本流动管理的政策操作框架。

资本流动管理措施主要包括：无报酬的外汇储备金、对外债和外汇衍生品交易单独征税、对资本流动规模进行数量限制、限制国际资本的最终用途、规定最低滞留期限、对资本流出征税等。现在的资本流动管理与之前的资本管制有一定的区别，资本流动管理并不是要改变资本账户开放的目标，而是在特殊时期实施一定的限制，对国际资本设置一定的"防火墙"。

第二节　发展中国家资本账户开放的现状以及
开放结果的对比研究

一、发展中国家资本账户开放的现状

根据 IMF 的统计，截至 1994 年底，共有 11 个发展中国家实现了资本账户开放，即阿根廷、哥斯达黎加、圣萨尔瓦多、印度尼西亚、格林纳达、圭亚那、牙买加、巴拉圭、秘鲁、特立尼达和多巴哥，以及委内瑞拉。

1991~1993 年，有 12 个发展中国家放松了对长期间接投资流入的管制，有 3 个发展中国家放松了对短期间接投资流入的管制。阿尔及利亚、智利、印度等十几个发展中国家开放了本国商业银行的外汇业务，还有 25 个发展中国家取消了对居民外汇业务的管制。1997 年的亚洲金融危机中，一些国家为了应对危机而采取了资本管制措施，但在危机得到缓解时，这些管制措施也逐渐取消。由此可见，资本账户开放已经成为发展中国家经济改革的必然趋势。

次贷危机之后，发展中国家也在积极构建本国的资本流动管理措施，但并未改变资本账户开放的方向。2019 年的新冠疫情对国际金融市场造成了比较大的冲击，发达国家的货币政策短期经历了较大的逆转，给国际市场带来了巨大波动。国际经济和政治局势的变化影响了发展中国家的资本账户开放进程。

国际金融市场的不确定性使得新兴市场国家和发展中国家的货币遭遇了贬值，如安哥拉、苏丹、巴西、哥伦比亚、墨西哥、尼日尔、俄罗斯、南非、土耳其等。随着发达国家量化宽松政策的持续推进，发达国家的货币持续贬值，导致发展中国家形成输入型通胀。随后在 2022 年，发达国家为了应对通胀，纷纷大幅度加息，导致发展中国家的货币贬值。短期内，发达国家政策的逆转影响了发展中国家的经济稳定，发展中国家加强了对外汇市场的干预。

据 IMF 估计，相比 2000 年，2018 年国际社会有 34 个国家对资本账户实施了一定限制，但在 2019~2020 年没有变化，即资本账户开放并没有再进一步。截至 2020 年底，大多数国家依旧保留之前实施的资本账户的限制措施，限制措施平均数量也在 2019 年从 4.5 条上升到了 4.62 条，而在 2018 年仅有 4.43 条。2021 年，针对资本账户的限制性措施有所下降。总的来看，资本账户开放的高峰期是 2000~2005 年[①]。

随着全球经济的恢复，国际资本逐步从发达国家流向新兴市场国家和发展中国家。但是，对于国际资本的限制性措施并没有随之减少，不仅包括国际资本流入的限制性措施，也包括国际资本流出的限制措施。中国、

---

① 具体见 *Annual Report on Exchange Arrangements and Exchange Restrictions* 2021 第 23 页，报告下载地址：IMF 官方网站。

伯利兹、牙买加、马来西亚和泰国放松了对一些资本账户的限制。因此，总的来看，2021 年全球国际资本净流入的规模是下降的。

图 3-1 描述了 1970~2020 年发展中国家资本账户开放的现状和趋势，Aizenman 等（2007）构造了代表资本账户开放程度的法定开放指数，并将美国的开放程度定义为 1，其他国家的数值是根据与美国开放状况的对比来确定的。从图 3-1 中可以看到，发展中国家的开放有两次高峰期：一是 20世纪 90 年代之后，但亚洲金融危机打断了这一进程，暂时关闭资本账户对于发展中国家规避危机起到了较好作用；二是 2002 年之后，但 2008 年的金融危机打断了这一进程。2008 年金融危机后，美国推行量化宽松货币政策，大量的资本流入发展中国家，发展中国家受到输入型通货膨胀的困扰，开始对资本流入采取限制措施。2010 年之后，发展中国家又逐步推动开放进程。发展中国家 2017 年整体的开放水平在 0.3 左右，虽然与发达国家还有一定的差距，但是开放水平已有不小的提高。

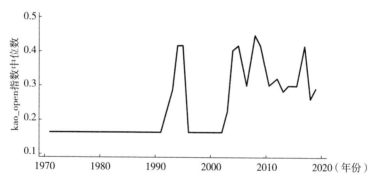

图 3-1　1970~2020 年发展中国家资本账户开放的现状和趋势（法定开放）

注：美国的开放程度为 1；发展中国家的样本见附录 A。

资料来源：笔者通过 Stata 计算发展中国家历年的中位数而绘制。

二、遭受挫折的案例

对于发展中国家而言，对比研究已经开放的国家在资本账户开放过程中的经验教训，可以从中获得有益的借鉴。

（一）智利的第一次经济自由化改革（1974~1984 年）

智利是较早地推动资本账户开放的发展中国家，时间长达 20 余年。

随着第三次工业革命的兴起，发达国家的经济迅猛发展。发展中国家推行的进口替代化战略虽然有利于促进国家建立起基本的工业体系和工业基础，但长远来看此战略缺乏经济效率，还出现了资本匮乏，国际贸易缺乏竞争力，政府赤字过高等现象，此时通过资本流入改善赤字状态成为发展中国家资本账户开放的重要原因。

1974~1984 年，智利的第一次经济自由化改革采取激进式方法，却被 1982 年金融危机打断，主要原因是资本流入导致智利实际汇率升值，影响了出口部门的发展，导致经济状况恶化，资本开始外逃，资本账户开放被迫暂时中止。

在资本账户开放前，智利存在严重的外资排斥和金融抑制。1973 年，智利开始市场化的经济改革，主要措施包括：实行国有银行和国有企业的私有化改革；大幅度削减关税以推动贸易自由化；实行货币大幅度贬值；减少对经常账户交易的限制，并于 1997 年 7 月开放经常账户；1974 年放宽商业银行的利率上限，并于 1975 年取消了利率上限。1974 年，由于主要出口品黄铜的价格下跌，智利的财政状况严重恶化。1975 年，智利实行增税、削减财政开支等紧缩财政政策，同时推行紧缩的货币政策，严重抑制了社会总需求，造成了经济衰退。就是在这种宏观经济不稳定、金融体系不健全和固定汇率制（见图 3-2）的背景下，1974 年，智利开始了激进式的资本账户开放的改革。

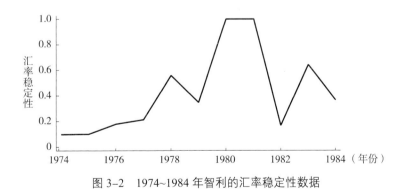

图 3-2　1974~1984 年智利的汇率稳定性数据

注：汇率稳定性范围从 0 到 1，数值越大表明越追求汇率稳定，余图同。

资料来源：Joshua Aizenman、Menzie Chinn 和 Hiro Ito 三人构造的三元悖论指数采用了其中的汇率稳定指数，网址：http://web.pdx.edu/~ito/trilemma_indexes.htm。余图同。

由于金融抑制，智利的国内利率远高于国外实际利率，利差高达
15% ~ 60%，套利资本的大规模流入导致本币实际汇率升值，抑制了出口。
1981 年，智利的经常账户逆差达到 GDP 的 13.6%（见表 3-1）。1982 年，
智利的经济开始负增长（见图 3-3），失业率上升，同时外汇储备损失殆尽。
1982 年，智利放弃了固定汇率制，本币迅速贬值，资本流入迅速降低，对
外债的偿还能力出现问题。

表 3-1　智利的国际资本流动和宏观经济状况　　单位：%

年份	短期股权资本流入/GDP	FDI流入/GDP	短期股权资本流出/GDP	FDI流出/GDP	债务资本流入/GDP	债务资本流出/GDP	外汇储备/GDP	经常账户/GDP
1974	0.0	27.6	0.0	0.0	46.0	11.2	0.3	−2.5
1975	0.0	41.7	0.0	0.0	74.0	20.2	0.7	−6.4
1976	0.4	39.0	0.4	0.0	55.1	15.1	3.9	1.4
1977	0.6	27.6	0.3	0.0	42.4	11.1	3.0	−3.9
1978	0.8	24.5	0.3	0.1	45.2	11.8	6.6	−6.5
1979	1.2	20.5	0.2	0.1	41.7	10.5	8.5	−5.2
1980	1.7	19.2	0.1	0.1	41.6	9.0	10.7	−6.7
1981	0.8	17.7	0.3	0.1	45.5	9.1	9.3	−13.6
1982	0.5	20.3	0.5	0.1	67.3	13.6	7.0	−8.9
1983	0.3	24.6	0.7	0.1	85.8	20.0	9.7	−5.3
1984	0.3	25.0	0.7	0.2	97.0	20.7	11.3	−10.3

注：①国际债务资本主要包括债务证券产品、银行贷款、存款以及其他债务工具，并未区分短期债
务和长期债务。国际股权资本有长期和短期的区别：长期股权投资包括 FDI（兼并收购的公司股权
达到 10% 以上的）和绿地投资；短期股权主要是股权投资组合投资，即投资与公司股权和共同基金
的股权小于 10% 的。②外汇储备包括外汇、特别提款权、在 IMF 的外汇头寸，但不包括黄金储备。
③表中的数据是经过汇率调整的累积性流量数据（cumulative flow data with valuation adjustment，是
通过每一年年末的汇率进行调整的），单位是百万美元，本书通过资本流动规模占 GDP 的比重来表
示，余表同。
资料来源：Lane 和 Milesi-Ferretti 构造的数据库，网站 http://www.philiplane.org/EWN.html，余表同。

智利在这一时期的资本账户开放是失败的，在存在巨额财政赤字和严
重通货膨胀、金融改革不完善、缺乏有效的金融市场和汇率制度僵硬的情
况下，过快地开放资本账户不可能成功。因此，不具备资本账户开放的条
件是智利第一次自由化改革失败的重要原因。

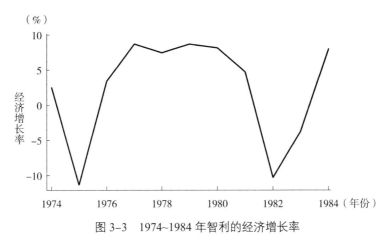

图 3-3　1974~1984 年智利的经济增长率

注：经济增长率为人均 GDP 的增长率，余图同。

（二）阿根廷的经济改革（1989~2001 年）

阿根廷位于南美洲南部，曾为发达国家，但政局不稳、政策实施缺乏连续性、经济发展波动性大。阿根廷的开放始于 20 世纪 70 年代，1976 年 3 月，阿根廷废止了推行 20 多年的贸易保护政策和进口替代的经济发展战略，实行外向型的市场经济改革。不过，自此之后直至 2002 年之前，阿根廷大多数时间处于贸易赤字状态，这带来了企业的经营困难和国内财政赤字。政府通过国内企业家借外债归政府使用，这导致了阿根廷的债务资本流入较高。20 世纪 80 年代，阿根廷的债务资本流入占 GDP 的规模整体水平较高。1989 年，债务资本流入占 GDP 的比重达到 70% 以上，是 20 世纪 90 年代之前的最高值。

1989 年 7 月，阿根廷积极推行新自由主义政策，试图建立以私有化、市场化、全面开放为主要内容的自由化经济体制，并于 1989 年 12 月宣布国际资本流动完全自由化。主要体现在：①推行全面的私有化改革，1989~1990 年通过拍卖的方式对 123 家国有企业进行私有化改革，允许外资无限制参与并购国有企业，这导致了阿根廷经济主权的丧失。②实施贸易自由化政策，大幅降低税率。③实施货币局制度，汇率稳定且高估。如图 3-4 所示，阿根廷在 1992~2001 年的汇率非常稳定（数值为 1）。僵化的汇率机制最终会带来风险。④实施全面对外开放。经济自由化改革遏制了阿根廷的恶性通货膨胀，促进了阿根廷较长时间的经济增长。但是进入1999年后，阿根廷的宏观经济发生逆转，固定汇率制损害了阿根廷的国际竞争力，同时庞大的财政赤字和债务负担削弱了阿根廷的经济活力。2001年，由于无力偿还20亿美元的外债，阿根廷政府实行严厉的金融管制政策。1999~2001年阿根廷的经济增长率为负（见图3-5）。

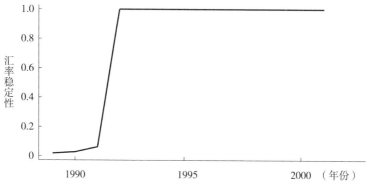

图3-4　1989~2001年阿根廷的汇率稳定性数据

图3-5　1989~2001年阿根廷的经济增长率

20世纪90年代流入阿根廷的外国资本中，占最大份额的是证券投资。从表3-2中可以看到，20世纪90年代阿根廷的短期股权投资流入占GDP的比重较其他时期高很多。在阿根廷以证券投资为主的利用外资格局下，如果国内经济形势恶化、外国投资者信心受到打击，在全面对外开放的情况下，大规模的资本外逃就不可避免。

表 3-2 阿根廷的国际股权资本流动和国际债务资本流动的对比　单位：%

年份	短期股权流入/GDP	FDI流入/GDP	短期股权流出/GDP	FDI流出/GDP	债务流入/GDP	债务流出/GDP	外汇储备/GDP	经常账户/GDP
1989	0.6	9.4	1.5	—	73.1	45.9	1.8	−1.6
1990	0.3	6.6	0.8	—	41.4	30.9	3.2	3.2
1991	1.3	6.1	0.7	—	33.0	27.2	3.2	−0.3
1992	0.8	7.1	0.5	0.5	28.0	22.9	4.4	−2.4
1993	4.3	7.8	0.8	0.8	31.0	25.2	5.8	−3.5
1994	3.9	8.7	1.0	1.1	33.8	23.2	5.6	−4.3
1995	4.5	10.8	1.2	1.8	38.9	27.3	5.5	−2.0
1996	5.0	12.3	1.4	2.2	41.3	28.8	6.7	−2.5
1997	6.5	14.4	1.7	3.2	43.4	29.4	7.6	−4.1
1998	4.8	16.0	2.2	3.9	48.4	28.5	8.3	−4.8
1999	3.0	21.9	2.8	4.2	52.4	31.6	9.3	−4.2
2000	1.3	23.8	2.7	4.3	52.9	32.2	8.8	−3.2
2001	0.8	29.6	2.5	4.3	56.4	31.4	5.4	−1.4

阿根廷的改革出现问题的重要原因是全面的私有化损害了国家的经济基础，应对资本流动的微观机制无法发挥效应，资本一旦流出会导致企业经营困难、失业率上升，引发一系列社会问题；僵化的汇率制度提高了偿还外债的成本；短期股权资本流动的比重较大。

（三）泰国的自由化改革（1984~1997 年）

泰国位于东南亚地区，是"亚洲四小虎"之一，20 世纪 80 年代至 90 年代经济增长迅猛，但在亚洲金融危机中遭受了重创。有学者阐述了亚洲金融危机发生的原因，克鲁格曼认为，亚洲经济的发展是依靠资源和劳动力投入支撑的，并没有提高全要素生产率，因此经济增长最终会停滞，不可否认的是，货币危机是亚洲金融危机的导火索。

泰国发生金融危机的根本原因是在国内金融自由化不到位的情况下，快速实施了资本账户开放。20 世纪 90 年代中后期，泰国的短期股权资本流入急剧增加，投机性资本流动是导致泰国金融危机爆发的重要因素

（见表 3-3 ）。在国内经济基本面恶化的情况下，泰国并没有意识到短期投机性资本流动的危害。因此，泰国在亚洲金融危机中受到重创，如图 3-6 所示，泰国的经济增长率在 1997 年后连续几年都为负增长。

表 3-3　泰国国际债务资本和国际股权资本的差异　　　　单位：%

年份	短期股权流入/GDP	FDI流入/GDP	短期股权流出/GDP	FDI流出/GDP	债务流入/GDP	债务流出/GDP	外汇储备/GDP	经常账户/GDP
1984	0.7	4.9	0.1	0.0	35.9	2.9	4.6	−5.0
1985	0.8	5.8	0.1	0.0	45.0	3.5	5.6	−4.0
1986	1.6	5.9	0.0	0.0	42.9	4.0	6.5	0.6
1987	3.1	5.9	0.0	0.4	40.2	3.3	7.9	−0.7
1988	4.4	6.5	0.0	0.3	35.2	3.1	9.9	−2.7
1989	11.5	7.9	0.0	0.3	32.5	4.1	13.2	−3.5
1990	7.3	9.6	0.0	0.4	32.8	2.8	15.5	−8.5
1991	7.8	10.7	0.0	0.4	39.2	3.2	18.2	−7.9
1992	9.5	11.2	0.1	0.6	39.9	3.0	18.6	−5.8
1993	21.6	11.7	0.1	0.7	51.3	5.5	20.1	−5.2
1994	15.8	11.2	0.0	1.0	51.7	5.1	20.3	−5.6
1995	14.6	11.2	0.0	1.3	57.1	6.0	21.4	−8.1
1996	8.9	11.6	0.0	1.6	57.2	4.2	20.7	−8.1
1997	6.1	10.5	0.0	2.0	69.3	6.3	17.3	−2.0

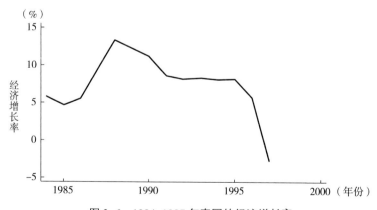

图 3-6　1984~1997 年泰国的经济增长率

1985 年，泰国的资本账户开放正式启动，在发展金融市场的同时，实施税收和其他制度方面的激励，并采取各种鼓励措施。包括：① 1990 年实现了经常账户开放，放宽了购买外汇的数量限制和外汇流入流出限制，扩大了非居民使用泰铢账户和居民使用外币账户的范围；②取消对出口导向产业外资投入和控股的限制，提供税收优惠以鼓励对特殊产业的国际直接投资流入；③对证券投资流入不实行管制，国外共同基金投资于股票市场给予税收减免，并制定国内企业发行外币债券的规定，对汇往境外的红利实行减税；④境内机构可以自由从国外借款，只需向泰国银行备案，1992 年之后泰国的短期资本流入比重大增。1989~1995 年，泰国促进资本流入的政策吸引了大量外资净流入，在此期间，资本流入的构成也发生了变化，初期以直接投资为主，随着曼谷国际银行贷款市场的建立和泰国国内外正利差的扩大，短期资本在净流入资本中的占比越来越大，1995 年达到净流入资本总额的 60%。

与此同时，泰国对资本流出的管制则是逐步取消的。1990 年，允许商业银行向非居民发放有限的外币贷款，非居民出售证券的收入汇出境外需要经过批准。1994 年，允许居民购买境外货币、资本市场工具和不动产，但境外直接投资超过 100 万美元，需要经过泰国银行审批。同年，允许国内保险公司到境外投资，但不得超过资产总额的 15%，国内发行的共同基金不得在境外市场上投资。

1996 年，泰国的经济增长和投资状况都出现了恶化。泰国出现了巨额的经常项目赤字，利率和通货膨胀率日益上升。在此情况下，境外贷款人提高了借款利率，资本大规模外流，国内借款人的短期融资遇到困难，再加上过多的投资与房地产、股票市场有关，银行呆账准备金不足，潜伏在泰国金融体系中的问题开始显现，而为减少资本外流而提高利率的制度安排使整个金融体系"雪上加霜"。1997 年 7 月，由于本币泰铢被抛售和大量的外汇流失，货币当局被迫允许泰铢汇率浮动，并采纳了有管理的浮动汇率制度。

泰国发生金融危机的重要原因是国内脆弱的金融体系及其市场化改革不到位，政府对银行的隐性担保导致金融机构的信贷增长过快，较低的国际金融市场融资成本导致国内金融机构大量举借外债，并将之投向高风险项目。由此泰国的资本账户开放所吸引的大量外国短期资本，大部分流向了房地产、股票市场，掀起了巨大的经济泡沫。僵化的汇率体制也对危机的形成起到了推波助澜的作用。如图 3-7 所示，泰国在 20 世纪 90 年代和 21 世纪的汇率稳定水平是不一样的，在 20 世纪 90 年代，汇率比较稳定，数值在 0.6 以上。在亚洲金融危机之后，泰国放弃了盯住美元的策略，汇率机制逐步灵活。

图 3-7　1984~1997 年泰国的汇率稳定性数据

三、相对成功的案例

（一）智利的第二次经济自由化改革（1985~1996 年）

智利的经济自由化改革持续了 20 年。第一次经济自由化改革失败之后，智利在 1985 年开始了第二次改革，并吸取了第一次经济自由化改革的教训，由激进式改革转向渐进式改革，重视资本账户开放与金融、贸易、汇率安排等其他各项措施的改革以及与宏观经济政策的配合，在开放的准备方面做了很多铺垫。智利的资本流动的重要特点是将债务资本流入占 GDP 的比重限定在一定范围内，除在金融危机期间，智利的外债占 GDP 的比重达到了 100%，其余阶段都低于 50%。同时，智利注重引进 FDI 资本，尤其是第二次开放阶段，1985 年之后，FDI 资本流入不断攀升（见表 3-4）。与其他国家不同的是，智利的短期股权资本的流入也是比较稳定的，虽然比重较高，但是智利采取了较为成功的渐进式改革，同时注重建立市场机制和提高制度质量，缓解了短期资本的冲击。

表3-4 智利的国际债务资本流动和国际股权资本流动的差异 单位：%

年份	短期股权资本流入/GDP	FDI流入/GDP	短期股权资本流出/GDP	FDI流出/GDP	债务资本流入/GDP	债务资本流出/GDP	外汇储备/GDP	经常账户/GDP
1985	0.5	18.3	1.2	0.1	116.8	24.8	14.0	−8.1
1986	1.0	19.7	1.5	0.2	112.6	23.8	12.5	−6.3
1987	0.9	21.6	1.4	0.2	97.0	21.5	11.3	−3.3
1988	1.1	23.5	1.5	0.2	75.0	21.8	12.1	−0.9
1989	1.6	24.9	1.5	0.2	59.9	22.1	12.0	−2.3
1990	2.3	26.1	1.1	0.2	57.5	29.2	18.1	−1.4
1991	4.2	26.1	1.1	0.5	46.6	17.5	18.2	−0.3
1992	4.6	25.5	0.8	1.3	40.8	13.9	19.5	−2.0
1993	7.2	25.6	1.2	2.0	39.8	12.6	19.2	−5.1
1994	10.8	30.6	1.7	3.4	38.2	13.0	22.5	−2.7
1995	7.6	29.7	1.6	3.8	29.5	13.2	18.9	−1.8
1996	6.7	35.9	1.8	5.0	29.3	13.8	19.3	−4.0

为了达到资本账户开放的条件，1985~1989年，智利经济改革的重点包括：重建完善的银行体系，发展资本市场和货币市场，完善金融体系；完善宏观经济政策体制，扩大央行的自主权，以通货膨胀为基础逐步扩大汇率的浮动区间，建立更为灵活的汇率机制（见图3-8）。

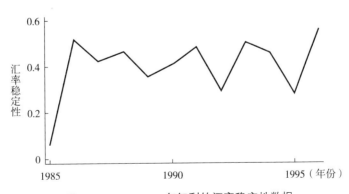

图3-8 1985~1996年智利的汇率稳定性数据

1991~1995 年，智利改革的重点转向发展资本市场和货币市场，采取更加灵活的利率和汇率政策。1992 年，证券与保险管理局宣布于 1993 年底分阶段实行中央证券存放制度，这是关于资本市场的一项重要改革。1993 年，股票交易所的集中交换和清算操作处理系统开始运行。

货币市场上，1992 年，智利开始允许保险公司参与本票和短期国库券的拍卖，随后逐步拓展到长期投资品的拍卖。

汇率制度上，1992 年，智利的汇率机制转向盯住一篮子货币，进一步扩大了波动范围，由 5% 扩大到 10%。

可以看到，在国内条件不断完善的情况下，智利的资本账户开放取得了良好的效果。资本流入结构平衡，长期资本流入的比重逐年上升，既充分利用外资发展国内经济，又避免了短期投资资本对国内经济的冲击。

智利第二次开放取得成功的重要原因是采取渐进式逐步开放的策略，提高本国的初始条件、完善金融市场、完善金融监管。在引入股权资本时国内资本市场已经比较完善，并建立灵活的汇率制度，由此取得了开放的成功。如图 3-9 所示，智利在这个阶段的经济增长率基本都在 5% 以上。

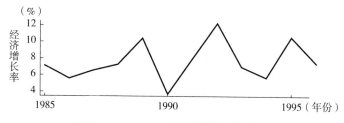

图 3-9　1985~1996 年智利的经济增长率

（二）韩国的经济改革和开放（1985~1996 年）

韩国的经济发展从 20 世纪 60 年代起步，逐步从进口替代战略转向出口导向战略，创造了"汉江奇迹"。20 世纪 70 至 80 年代，韩国经济增长开始放缓。1997 年，韩国受到亚洲金融危机的波及。

1985~1989 年，韩国经常项目出现巨额盈余（见表 3-5），随后，韩国政府逐步放松了对进口和资本流出的管制。20 世纪 80 年代早期，韩国国内还存在不少资本管制，韩国国内金融改革快于金融开放。20 世纪 80 年代中后期，随着经常账户开放加速，韩国的金融开放开始快于国内金融改革。1984年，韩国实施 FDI 投资的负面清单。1985 年，发行可转换债券、权证和存托凭证。1987 年，开放金融衍生品交易。1988 年，开放了经常账户。

表 3-5　韩国资本账户开放进程中的不同形式资本流动的差异　　单位：%

年份	短期股权流入 /GDP	FDI 流入 /GDP	短期股权流出 /GDP	FDI 流出 /GDP	债务流入 /GDP	债务流出 /GDP	外汇储备 /GDP	经常账户 /GDP
1985	0.3	1.5	0.2	0.5	57.6	9.2	2.9	−0.8
1986	0.4	1.7	0.2	0.6	48.3	8.7	2.9	4.1
1987	0.5	1.7	0.1	0.6	34.3	7.0	2.5	7.0
1988	0.7	1.7	0.1	0.5	23.1	6.5	6.4	7.6
1989	0.6	1.7	0.2	0.5	18.2	6.1	6.4	2.3
1990	0.5	1.8	0.1	0.8	17.5	6.6	5.5	−0.7
1991	0.4	1.9	0.1	1.1	17.5	6.8	4.3	−2.7
1992	1.2	1.9	0.1	1.3	17.7	7.5	5.1	−0.7
1993	3.6	1.9	0.2	1.5	17.9	8.6	5.4	0.8
1994	4.6	1.8	0.3	1.8	19.8	10.7	5.9	−0.3
1995	4.4	1.8	0.3	1.9	21.7	11.8	6.2	−1.5
1996	3.2	1.9	0.4	2.4	26.4	13.6	5.9	−4.0

整个 20 世纪 90 年代，韩国的经常账户处于赤字状态。为弥补国际收支，韩国采取鼓励资本流入的措施。在不断推动金融改革和金融开放的同时，还在推动汇率制度改革。1980 年，韩元汇率实施盯住美元制度。1981 年，韩国建立外汇远期市场。1989 年，韩国建立了外汇短期交易市场。1990 年，韩国转向市场汇率体系。20 世纪 90 年代，韩国逐步允许外汇银行通过某些工具在离岸市场上筹集资金，放宽了外汇流入和出售对国内银行的限制。

1988~1996 年，韩国允许外资银行进入国内市场，并享受国民待遇。同时，韩国迅速地开放了国内资本市场。1992 年，允许非居民有限地进入股票市场，并增加了居民可以在境外发行有价证券的种类。1996 年，允许非居民通过国家基金投资于国内债券，韩国债券基金也开始在伦敦股票交易所上市。

20 世纪 90 年代，韩国的国内金融自由化逐步推进。1993 年是第一阶段，先放开除政策贷款外的其他贷款利率和长期存款利率；M2 政策目标自由化；放开所有权证市场。1994~1995 年是第二阶段，韩国放开所有贷款利率管制和货币市场利率；建立间接货币市场控制工具；发展短期金融市场；发展外汇市场工具；减少外资投资韩国股票市场的限制；允许外国投资者参与韩国初级市场债券的投资；放宽外国证券开设分支机构的限制。1996~1997 年是第三阶段，韩国国内改革进一步深入，放开除活期存款外的所有存款利率管制；将公开市场操作作为主要的货币政策工具；转变汇率制度，建立自由浮动汇率体系；取消外汇交易的部分管制；允许国内商业银行对外贷款；允许多家外国金融机构持有本国商业银行股票。但是，1997 年韩国受到亚洲金融危机的波及。

虽然受到了亚洲金融危机的冲击，但从整体上看，韩国的开放还是比较成功的。如图 3-10 所示，1982~1996 年，韩国的经济增长率（人均 GDP 增长率）在 5% 以上，20 世纪 80 年代末达到 10%，追平了 20 世纪六七十年代的经济增长率。在 1997 年和 1998 年韩国经济遭遇了下滑，但在危机过后，韩国的经济继续增长，成为 OECD 的一员。

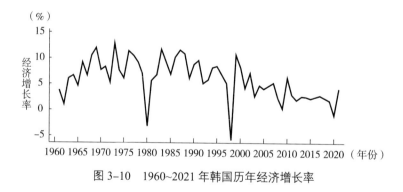

图 3-10　1960~2021 年韩国历年经济增长率

韩国资本账户开放成功的原因在于整体上采取了综合推进的自由化改革模式。一是采取了逐步推进的改革措施，改革措施先易后难，减轻对宏观经济的冲击；二是统筹对外开放和国内金融改革，经常账户开放、资本账户开放和国内金融改革是相互促进的；三是注重配套措施，在金融开放过程中，注重汇率稳定和国内政策协调，建立审慎监管措施。韩国长期实行本国货币和美元挂钩的盯住汇率制度，在 20 世纪 90 年代早期，韩国的汇率比较稳定（见图 3-11）。

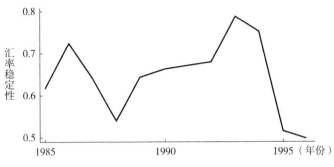

图 3-11　1985~1996 年韩国的汇率稳定性

（三）印度尼西亚的对外开放 [①]（1985~1996 年）

印度尼西亚的资本账户开放较早，但由于早期的资本流动规模较小，因此资本账户开放的影响不大。

印度尼西亚自 1985 年起推行经济改革，通过提升私人部门经济、鼓励能够扩大就业的非石油出口导向型产业的发展等举措优化经济结构。1985~1996 年，印度尼西亚将改革的重点放在逐步放松对直接投资流入的限制、维持竞争性的汇率、实行贸易自由化和关税改革、改善货币管理、提升银行部门的竞争力、强化金融监管、促进资本市场发展等方面。

金融部门的改革也得以深化。1983 年初，印度尼西亚实现了利率市场化，取消了对银行信贷的直接管制。1987 年，印度尼西亚开始实行资本市场改革，包括对证券交易所的改革以及引入新的资本市场工具。印度尼西亚开始更加关注国际储备，并引入对货币市场工具的按日拍卖机制，利率和汇率的定价更加市场化。1988 年，印度尼西亚对银行体系进行改造，允许更多的外资参与银行部门。1989 年，印度尼西亚取消了银行向非居民借款的数量限制，进一步放松了对外国直接投资流入的限制，外国直接投资

---

① 该部分有关数据资料引自印尼中央银行的各期报告，以及 IMF 的 AERAER 报告中的数据。

者可以直接通过商业银行而不必通过中央银行出售外汇。

1990~1991年，印度尼西亚出现了经济过热、经常账户逆差扩大、通货膨胀率走高、利率走高等现象，并出现明显的国际资本流入。1990年，私人净资本流入自1985年以后首次出现了盈余。国际资本流入增加了货币供应量，尽管印度尼西亚实行了紧缩的财政政策，但通货膨胀率仍持续上涨。1991年，印度尼西亚重新对银行和国有银行国外借债实行规模控制，并对银行的外汇头寸实行更加严格的限制，根据银行的资本状况来管理外汇头寸。1992~1996年，印度尼西亚一直保持对国外借款的限制。特别是在1995~1996年，印度尼西亚加强了金融监管，提高了会计标准以适应审慎的监管方针，防范可能发生的风险。1994~1996年，印度尼西亚在一定程度上开始实行更加灵活的汇率制度。

四、对比研究的总结

前文分析了几个发展中国家资本账户开放的情况，可以看出，资本账户开放需要一些前提条件，当这些条件不成熟时，开放资本账户会埋下危机的隐患，造成宏观经济的不稳定。

智利在第一阶段的资本账户开放之前，没有进行必要的金融改革，金融市场效率低下、金融体系不完善，而且存在巨额财政赤字和严重通货膨胀，汇率调节机制也不灵活。阿根廷在改革中丧失了经济自主权，受制于国际资本，微观企业容易受到冲击，宏观调控难以贯彻执行，由于本国的大企业都被跨国企业操纵，导致税收较少，政府财政常年赤字和通货膨胀现象严重，又需要维持较高的实际汇率，导致外债成本过高，这种需要资本流入但本国经济基本面难以支持的情况是不可持续的。泰国的金融改革忽视了银行体系的建设和金融监管的强化，金融体系存在严重缺陷。

通过对遭受挫折的案例进行分析，在宏观经济不稳定、缺乏有效的金融市场和健康的金融体系、金融监管不力，以及汇率和利率的市场化改革没有完善的情况下，资本账户开放会造成国外资本，尤其是短期资本大量流入，对国内经济造成冲击。当国内经济基本面发生变化时，资本迅速撤离，会对一国的金融体系和宏观经济造成严重影响。

在吸取第一次改革经验教训的基础上，智利加强了对金融体系的建设，强化了金融监管，对利率和汇率都进行了市场化改革，形成了健康有效的金融市场，因此第二阶段的开放比较顺利。韩国和印度尼西亚则将资本账户开放作为宏观经济改革的一部分，在提高金融效率、采取国内金融自由化改革的同时，保持宏观经济的稳定。

从资本账户开放相对成功的国家的经验来看，应重视前提条件的建设，将资本账户开放纳入宏观经济的发展框架内，尤其要重视对金融体系的强化。

通过对比可以发现，资本账户开放需要重视一国的初始条件的建设，当条件成熟时，需谨慎开放；当条件不成熟时，不轻言开放。

第三节 发展中国家资本账户开放中存在的问题

通过对比前一节相对成功的案例和遭受挫折的案例，本书发现资本账户开放过程中的国内初始条件无疑是重要的，本节阐述发展中国家资本账户开放进程中的问题。

一、资本流动结构不合理

第一，从资本流动结构上来看，发展中国家的资本账户开放以吸引资本流入为主，对外投资比重较小。

图3-12显示了1970~2011年发展中国家资本流入和资本流出的趋势以及对比，其中资本流入指的是国际资本流入的规模占GDP的比重，资本流出指的是发展中国家国际资本流出的规模占GDP的比重，即发展中国家对外投资的规模，这里的资本指的是包括国际债务资本和国际股权资本的总体资本。虽然资本流入和资本流出都呈稳定增长的趋势，但资本流入的规模是资本流出规模的2倍左右。

由于发展中国家的金融市场不发达，投资品匮乏，资本流入激增会给一国的宏观经济和金融体系带来压力，使波动性增大，并通过冲击国内金融市

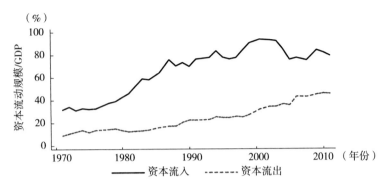

图 3-12　1970~2011 年发展中国家资本流入和资本流出的对比

注：①笔者通过 Stata 计算发展中国家的历年资本流入和流出的中位数绘制；②发展中国家的样本见附录 A。
资料来源：数据来自 Lane 和 Milesi-Ferretti 构造的数据库，网址：http://www.philiplane.org/EWN.html。

场影响到宏观经济政策的调整能力，引起资产价格波动和资产泡沫、快速的汇率升值、信贷繁荣和持续下降的风险溢价，导致货币市场受到冲击，货币政策传导机制受到影响。这些都导致国家资产负债表的恶化以及经济脆弱性上升，而且资本流入激增之后还面临着突然停止和资本逆转的问题。

资本流出规模较小表明发展中国家的对外投资能力不强，无法通过对外投资组合的财富效应增进发展中国家的福利。从微观层面上讲，发展中国家的企业竞争力不强，无法像发达国家的跨国企业一样进行全球化生产，这一方面有历史性的原因，另一方面也表明发展中国家的企业由于金融抑制的状态而导致发展较慢。

第二，从资本流入结构上来看，占绝对优势的是国际债务资本流入，其次是长期股权资本（FDI）流入，比重最小的是短期股权资本流入；但是明显的趋势是长期股权投资（FDI）流入的比重上升（见图 3-13）。

在发展中国家早期开放过程中，由于财政赤字严重，如 1974 年的智利、20 世纪 70 年代后期的阿根廷等国家，只好通过债务资本流入来偿还外债。由此可以看出，2002 年以前，资本流入中债务资本的比重最大，但可喜的是发展中国家认识到了 FDI 流入对经济增长的重大促进作用，因此从 20 世纪 90 年代开始 FDI 资本流入开始不断上升，并在 2010 年超过了债务资本流入。从表 3-4 中可以看出，智利第二次经济自由化改革后，FDI 资本流入

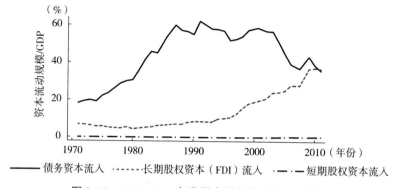

图3-13 1970~2011年发展中国家资本流入的结构

注：①笔者通过 Stata 计算发展中国家历年的资本流入的中位数而绘制；②发展中国家的样本见附录 A。
资料来源：数据来自 Lane 和 Milesi-Ferretti 构造的数据库，网址：http://www.philiplane.org/EWN.html。

的比重是超过债务资本的，同时短期股权投资的比重也较高，这是比较合理的资本流入结构，也表明了长期股权资本对经济增长的重要作用。

第三，发展中国家的资本流出结构中，债务资本的比重最大，FDI 资本和短期股权投资的比重非常小（见图3-14）。

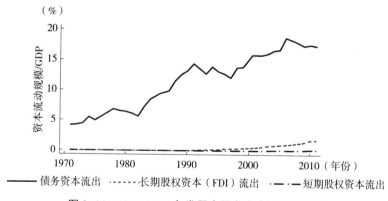

图3-14 1970~2011年发展中国家资本流出的结构

注：①笔者通过 Stata 计算发展中国家历年的资本流出的中位数而绘制；②发展中国家的样本见附录 A。
资料来源：数据来自 Lane 和 Milesi-Ferretti 构造的数据库，网址：http://www.philiplane.org/EWN.html。

通过与资本流入对比来看，对外债务投资和对外股权投资（包括对外直接投资和对外股权投资）的比重都非常小，这表明发展中国家并没有进行大规模的对外投资（各国投资了大量的美国国债，东亚地区除外），一方面是因为发展中国家还需要资本进行国内建设；另一方面是因为发展中国家的对外投资能力较弱，无法适应发达国家的市场环境。

二、初始条件不充分

第一，完善的金融体系、发达的金融市场，以及健全的金融监管制度和体系是资本账户开放平稳进行的重要保证。麦金农的金融深化理论就表明金融深化对发展中国家的重要性。在资本账户开放的初始条件的文献研究中也表明，只有在金融发展上达到一定的门槛才能保证资本账户过程的平稳进行。金融发展的指标难以寻找，Beck 等采用私人信贷占 GDP 的比重来衡量金融发展是很好的替代指标。

从图 3-15 来看，在 20 世纪 80 年代之前，发展中国家的金融发展严重不足，阻碍了发展中国家的资本账户开放。例如，智利的第一次自由化改革的失败、阿根廷的对外开放的失败，都是由于金融发展不足导致的。

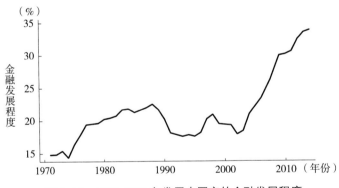

图 3-15　1970~2015 年发展中国家的金融发展程度

注：①金融发展＝私人信贷占 GDP 的比重；②笔者通过 Stata 计算发展中国家历年的金融发展程度的中位数而绘制；③发展中国家的样本见附录 A。
资料来源：世界银行；Thorsten Beck、Asli Demirguc-Kunt、Ross Eric Levine、Martin Cihak 和 Erik H.B. Feyen 构建的表示金融市场发展程度的指标，网址：http://www.worldbank.org/en/publication/gfdr/data/financial-structure-database。

第二，发达的金融市场是资本账户开放的初始条件之一。实际上，金融市场配置资源的效率是很高的，因此，如果缺乏发达的金融市场，则无法承受国际股权资本流动的冲击。金融市场不发达，表明产权不明晰，公司治理结构不完善，公司财务不透明，就无法发挥对资金的导向作用，不仅会导致股权资本流入比重较小，也容易使得存量股权资本在一国基本面发生问题时迅速撤离，导致一国发生金融危机。例如，泰国和韩国在亚洲金融危机前短期股权资本流入比重较大，资本市场投机性氛围浓厚，一旦有风吹草动，短期股权资本迅速流出，从而成为本国金融危机的导火索。

本书用金融市场年交易规模占 GDP 的比重来表示金融市场发展程度，从图 3-16 来看，发展中国家的金融市场发展并不充足，金融市场的年交易规模低于 GDP 的 3%。

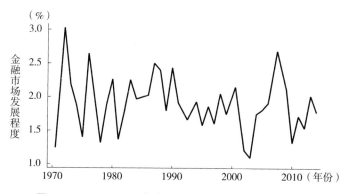

图 3-16　1970~2015 年发展中国家的金融市场发展程度

注：①金融市场发展＝金融市场年交易规模占 GDP 的比重；②笔者通过 Stata 计算发展中国家历年的金融市场发展程度的中位数而绘制；③发展中国家的样本见附录 A。
资料来源：世界银行；Thorsten Beck、Asli Demirguc-Kunt、Ross Eric Levine、Martin Cihak 和 Erik H.B. Feyen 构建的表示金融市场发展程度的指标，网址：http://www.worldbank.org/en/publication/gfdr/data/financial-structure-database。

第三，制度需要不断改进。制度建设是一项长期任务，需要在保持国家社会稳定的状态下，不断改进法律、增进法治。如果在不断推进资本账户开放进度的状态下，忽视了制度建设，容易放大市场中的无序性，导致道德风险盛行。即使金融发展程度提高，但是金融监管等制度改善滞后，同样也会导致不利于经济增长的局面。同时，社会稳定也是十分重要的，例如，拉美国家的自由化改革断断续续，经常有点成果之后便发生政变和社会动荡，不利于自由化改革。

本书采用世界银行数据库的 WGI 指数来表示制度质量，从图 3-17 来看，发展中国家的制度质量虽然有所提高，但仍旧处于很低的水平。

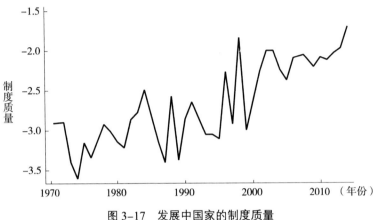

图 3-17　发展中国家的制度质量

注：①数值范围（-6，6），数值越大表明制度质量越高，由于 WGI 指数始于 1994 年，为弥补缺失的数据，本书采用线性趋势法（人均 GDP 的自然数）补全了数据；②笔者通过 Stata 计算发展中国家历年的制度质量的中位数而绘制；③发展中国家的样本见附录 A；④关于"制度质量"的数据下同。

资料来源：Surhone L M, Tennoe M T, Henssonow S F, et al. Worldwide governance indicators[J]. Betascript Publishing, 2014.

三、宏观经济政策错配

第一，在资本账户不断开放的情况下，僵化的汇率机制是无法适应不断开放的宏观经济环境的。智利的第一次自由化改革、阿根廷的货币局制度、泰国和韩国的盯住美元制度等，都是导致金融危机爆发的重要原因。如果遭遇经常账户赤字和财政赤字、国内通货膨胀等经济基本面变化，固定汇率是无法维持的，这些国家遭遇的经济危机都说明僵化的汇率制度会导致宏观经济承受较大的压力。灵活的汇率制度不仅能够及时反映国内外的变化，还可以避免危机的进一步蔓延。

从图 3-18 来看，发展中国家的汇率机制在 1982 年之前是比较僵化的，基本都是实行固定汇率制，这也导致 20 世纪 80 年代之前的自由化改革大多以危机结束，虽然在这之后发展中国家的汇率机制变得更加灵活，但与发达国家相比还有很多不足。

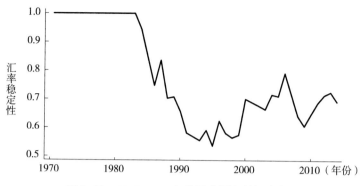

图 3-18 1970~2015 年发展中国家的汇率机制

注：①数值越大表明越追求汇率稳定；②笔者通过 Stata 计算发展中国家历年的汇率机制的中位数而绘制；③发展中国家的样本见附录 A。

资料来源：Joshua Aizenman、Menzie Chinn 和 Hiro Ito 三人构造的三元悖论指数采用了其中的汇率稳定指数，网址：http://web.pdx.edu/~ito/trilemma_indexes.htm。下图同。

　　第二，根据三元悖论，货币政策独立性并不是唯一的宏观经济政策调整诉求。三元悖论认为，在资本流动自由化的情况下，若实行稳定的汇率政策，则应该放弃货币政策的独立性，若实行浮动汇率制，则可以保持货币政策的独立性。从图 3-19 来看，发展中国家的货币政策独立性变化不大，货币政策通常受制于国内目标和国外目标，且在很多情况下两者会产生冲突。

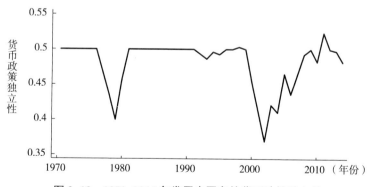

图 3-19 1970~2015 年发展中国家的货币政策独立性

注：①值的范围为（0，1），数值越大表明货币政策独立性越强；②笔者通过 Stata 计算发展中国家历年的货币政策独立性的中位数而绘制；③发展中国家的样本见附录 A。

资料来源：Joshua Aizenman、Menzie Chinn 和 Hiro Ito 三人构造的三元悖论指数，本图采用了其中的货币政策独立性指数，网址：http://web.pdx.edu/~ito/trilemma_indexes.htm。下图同。

第三，财政平衡是资本账户开放的重要的初始条件之一，因为财政赤字过大会对政府的融资行为会带来较大的影响。当赤字过大的政府采用铸币税融资时，会引起国内的通货膨胀，如阿根廷 20 世纪 70 年代末发生的恶性通货膨胀。当一国通过国外借债来弥补财政赤字时，会背上沉重的外债负担，因为国内恶劣的经济环境难以保证税收来源，且向 IMF 等国际组织借款会附带政治条件，如 IMF 提供借款时会提议进行经济自由化改革。但发展中国家在经济状况困难时推动经济自由化改革，容易导致改革的效果不佳。

图 3-20 显示了发展中国家的政府支出占 GDP 的比重。本书用这个指标来代表财政支出程度，从图 3-20 中可以看出，发展中国家的公共债务水平在 20 世纪 70 年代有一个较大幅度的提升，80 年代之后基本上保持在10% ~ 15%。

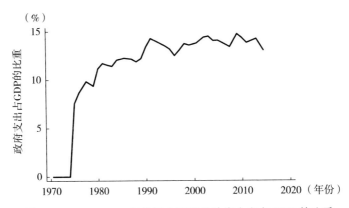

图 3-20　1970~2015 年发展中国家的政府支出占 GDP 的比重

注：①政府支出占 GDP 的比重 = 政府对最终产品的消费 /GDP；②笔者通过 Stata 计算发展中国家历年的政府支出占 GDP 的比重的中位数而绘制；③发展中国家的样本见附录 A。
资料来源：来自世界银行的 WDI 数据库。

第四节　本章小结

本章通过对发展中国家的资本账户开放历程进行分析，总结了发展中国家资本账户开放中存在的问题。首先，将发展中国家资本账户开放的历程分为四个阶段，分别是发展中国家资本自由流动时期、资本管制时期、资本逐步开放时期和资本流动管理时期；其次，分析了发展中国家资本账户开放的现状，发展中国家的开放经历了两次高潮，且两次都被全球性的金融危机打断；再次，通过对比相对成功和遭受挫折的案例得出资本账户开放的初始条件是十分重要的结论，尤其是完善的金融体系、发达的金融市场，以及高水平的制度质量和灵活的汇率体制；最后，分析了发展中国家资本账户开放中存在的问题，包括资本流动结构不合理、初始条件不足和宏观经济政策错配等问题。

第四章 资本账户开放的
初始条件的理论分析

前一章是对发展中国家资本账户开放的历程和现状的总结,并分析了其在开放过程中存在的问题。本章通过分析经济现象构建理论模型,将国际资本流动对微观企业的影响作为条件引入模型中,比较了国际债务资本和国际股权资本对国内经济的影响机制,分析了初始条件对国际资本经济效应的制约作用。通过前文分析,本书认为债务资本流动通过资产交易影响利率和国内流动性,从而对经济产生影响;股权资本流动类似于金融市场功能的延伸,拥有"优选"功能,可直接参与本国的投融资过程,进而影响到一国的经济增长。

第一节 理论模型的微观基础
——国际债务资本和国际股权资本对比分析

本节从微观机制上分析国内的条件如何影响企业的投融资和经营活动,继而影响国际资本流动的效应,从而得到微观视角的资本账户开放的初始条件,并阐述了国际债务资本流动和国际股权资本流动的特点。国际资本流动只会遵循和强化国内不同形式资本在金融功能上的差异,并不会改变其基本特征。

一、企业对国际资本流动的影响

过去对国际资本的影响分析主要集中在宏观角度,采取的步骤是:影响宏观经济→影响金融行业和其他行业→影响企业。但是，假如国际资本流动的来源是企业在国际市场进行的投融资活动时，这样的分析步骤就不合适了，应该采取的分析步骤是：企业采取国际融资、进行国际投资和国际化经营→行业影响，以及对金融行业的效应→宏观经济。采取这样的顺序进行分析有三个原因：①企业，其中金融公司是现代宏观经济的主体，国际资本流动是企业和金融机构融资、投资和经营的结果，因此应该从企业的角度进行分析；②这样的顺序是正常的经济运行过程；③虽然国际资金运用的研究报告，无论是融资还是投资，都会进行世界经济形势、国家宏观经济、行业预测以及公司分析，但分析最终的落脚点是企业分析。因此，对国际资本的影响分析应该从企业角度出发。

（一）企业的特点和投融资

公司（或企业）的目标是利润最大化（股东财富最大化[①]），公司制已经成为现代企业最主要的组织形式。从资本的角度看，企业的活动是对经营过程中的资金运用进行预测、组织、协调、分析和控制的过程。从管理的角度看，主要包括对资金筹集和资金投放的管理，即投资决策、融资决策和短期财务管理。国际资本流动会对企业的投资和融资两方面产生影响。

债务资本和股权资本是微观金融中的概念，是公司的两种融资方式：债务资本融资主要指的是银行贷款，要支付利息；股权资本融资主要指的是普通股票。其中，优先股、认股权证、可转换债券等都是介于两者之间的融资工具。

对公司来说，不同形式的融资方式各有利弊，债务资本融资具有资本成本低、可以发挥财务杠杆效应和避税的优点，但是提高了对公司现金流动性的要求，且随着公司负债率的提高造成融资风险上升。股权资本融资是永久性的资金来源，没有固定的利息负担，不存在偿付风险，比债务融资相对容易。但普通股的价格波动比较频繁，不仅会对公司的价值产生影响，还会稀释股权，造成潜在的不利影响。

国际资本流动不会改变债务资本和股权资本的特征，并且可以在一定程度上参与到各国的微观企业经营中。

（二）国际资本流动对企业的影响

对企业的分析包括财务状况、经营和现金流量的描述。本书认为，除汇率变动效应外，国际资本流动通过直接和间接的效应对企业产生各种影响。

1. 企业经营

企业是以持续经营为原则的组织，因此应该从企业经营角度进行分析。现金流量表是采用直接法编制的，按照现金收入和现金支出的项目类别直接反映企业各项活动产生的现金流量。相较于资产负债表，现金流量表更适合分析企业经济活动中的现金流量的来源和用途，有助于预测企业未来的现金流量前景。现金流量表的基本结构是：

资产的现金流量（从企业的经营活动中得到的现金流量）CF(A)，一定等于负债的现金流量（流向企业债权人的现金流量）CF(B) 加上所有者权益的现金流量（流向权益投资者的现金流量）CF(S)。

即 CF(A)=CF(B)+CF(S)，每一个项目中都存在资金流入和资本流出。

当企业进行国际化经营，采用国际化融资、投资时，不同融资方式对经营的影响是不同的。国际债务资本影响企业的 CF(B)，国际短期股权资本流动影响 CF(S)，而 FDI 资本流动则会影响 CF(A) 和 CF(S)。

国际资本对企业经营的影响表现在：①现金来源的多元性。企业能自由支配的现金是其进一步发展的基础，关系到企业的成长性，因此从国际市场融资扩大了企业的融资来源，若是能够获得稳定的外部资金来源，企业就能得到进一步发展。②迟滞效应的存在。由于国际融资和国内融资的各种规定不同，以及到期期限等的规定，通过融资安排改善企业的财务状况后，企业更容易获得国内投资者的青睐。公司投资的价值在于支付给债权人和股东的现金大于从金融市场筹集的资金。由此看来，公司可以根据国内金融市场和国际金融市场的不同，更加从容地决定自己的财务计划、经营管理。③ FDI 项目资本流入介入了企业的生产经营活动。跨国企业的 FDI 投资是其全球价值链的一部分，不需要考虑市场开拓、售后服务、研发等问题，既节省了支出，又扩大了生产、提高了利润、拓宽了现金来源。

FDI 流入的另一个影响是 FDI 流入会计入资本性支出，既降低了企业的现金流量，又增加了企业的固定资产。从 FDI 促进一国经济发展来看，虽然 FDI 对企业的经营性现金流量的影响无法确定，但无疑增加了企业资产、扩大了生产，最终有利于促进企业发展。

2. 盈利性和成长性

对企业盈利性的判断最重要的是净资产收益率 ROE。

$$\text{ROA} = \frac{\text{净利润}}{\text{总权益}} = \frac{\text{净利润}}{\text{销售收入}} \times \frac{\text{销售收入}}{\text{资产}} \times \frac{\text{资产}}{\text{总权益}} = \frac{\text{净利润}}{\text{资产}} \times \frac{\text{资产}}{\text{总权益}} =$$

$$\text{ROA} \times \left(1 + \frac{\text{负债}}{\text{总权益}}\right)，\text{其中，} \frac{\text{负债}}{\text{总权益}} \text{被称为财务杠杆。}$$

当 ROA 大于债务利率时，财务杠杆的提高能够提高 ROE。对发展中国家来说，由于国际金融市场的利率负担较轻，企业可能会较多地从国际债券市场上融资。当本国经济处于上升期时，这样的财务操作有利于促进企业发展，提升企业的盈利性和市场价值；但当本国经济下行或者基本面出现问题时，债务负担会使得企业的价值被重新定义，这也是资本流出时会导致一国经济出现金融危机的微观机制。因此，国际债务资本的运用应根据经济周期的不同而采用不同的政策。

企业的成长性来自国家的进步、行业的发展、企业自身盈利性的提高随之带来的新资本的不断流入。国际资本的不断投入也可以为企业成长提供更多可能性。

3. 资本成本与资本结构

公司的资本成本是债务融资和股权融资的综合，受制于各自的市场环境。根据莫迪尼亚尼—米勒定理，当存在税收时，采用债务融资有一定的优势，公司可以通过债务替代权益来提高总现金流量和公司价值。然而，债务会给公司带来支付压力，即使不陷入支付困境，也可能面临财务困境的风险，甚至是破产。因此，举债投资的项目是否能按时有收益是关键，但是由于道德风险的存在，公司在使用国外融资时，可能会利用国外投资者对本国的情况的不熟悉将国外融资投入到高风险的投资项目中。此外，公司的资本结构是其在债券的税收优惠和财务困境成本之间的权衡。由于国际资金成本较低，国际资本流入降低了公司的资本成本，潜在地提高了其财务风险。

4. 公司治理

公司到国外的金融市场融资，尤其是英美资本市场，会促进公司治理方面的提升，因为英美资本市场的信息披露和对股东的保护等要求比较严格。一般公司有较多的投资项目，受限于资金的不足，很多高风险的项目无法实施，当国际资本流入、国内资金充裕时，企业会实施一些以前高风险、高收益的项目，但是由于这些项目的收益充满不确定性，因此会提高公司管理人员的道德风险。

5. 汇率成本

国际融资和投资会受到汇率的影响，为规避风险，公司需要使用衍生品金融工具对冲风险。汇率波动影响企业的途径主要体现在经营决策、业务安排和企业信用等方面。汇率波动会增大成本核算的不确定性，影响企业管理者决策。如果汇率波动有利于资金营运，企业就会采取大胆的、开拓的、冒险的经营战略，如扩大海外投资、开辟新产品、新市场。对商业银行、国际信托投资公司等金融机构来讲，汇率波动出现一面倒的趋势时，银行业务量会下降。汇率波动还会造成银行的债务人因额外增加的债务负担而无力偿债或破产。此外，汇率变动对账面反映的企业经营能力影响巨大，会通过税收增减间接影响企业信用等级。

二、国内条件对国际资本流动效应的制约

（一）企业融资环境——金融企业的比较和金融结构

国际资本流动的渠道包括：金融渠道和个人渠道。金融渠道指的是国际资本通过金融中介和金融市场影响一国的经济；个人渠道指的是居民和非居民个人从国外直接参与借贷的行为。由于个人渠道并不是重点，因此本书主要介绍金融渠道。

金融企业包括金融中介和金融公司（证券公司、基金公司、保险公司等），分别从事间接融资和直接融资业务，是一种特殊的企业，以资金为原材料（人力投入和固定资产投入相对资金来说非常少），杠杆率非常高，并

没有实际生产活动，而是投资于企业并从企业中获取一部分利润作为收益来源。在混业经营的情况下，一些金融中介也开始经营投资银行业务，但在现实生活中还是根据主导型的融资方式的不同划分为不同的金融结构①，有的国家为金融中介主导的金融结构，有的国家为金融市场主导的金融结构，不同的融资模式最终导致各国金融结构的差异（需求尾随型的金融发展路径）。

金融结构的差异主要包括金融中介主导或者金融市场主导两种模式。本节从以下五个方面来比较不同金融结构：

第一，从金融体系、企业融资模式和公司治理结构来比较。由于市场的不完全性，金融中介利用自身规模优势、专业优势在克服信息不对称、参与公司治理方面可以发挥重要的作用，通过对信贷抵押物的掌握、公司投资项目的选择和实施过程中的监督等一系列措施，可以降低代理人的道德风险。但是，金融公司一般难以参与被投资公司的治理，对企业的监督功能较弱。

第二，不同金融结构在信息披露和使用方面差别巨大。金融市场和金融中介各有优势：①金融中介能够更好地发挥委托监督职能。但在以金融中介为主的金融结构的国家里，金融中介存在对金融市场的替代功能。银行拥有大量相关企业的信息，可以直接对相关企业提出建议，也可以间接用于发放贷款的决定权。②金融市场中企业的披露要求较高，对信息的分析和使用也非常频繁，而信息主要是由被投资公司提供的。从对信息的处理和使用来看，金融市场和金融公司更有效率。

第三，金融市场更加注重对股东权益的保护。因为上市公司在信息掌握方面具有绝对优势，而股东处于信息相对劣势地位，股东是风险的实际承担者，因此法律制度更注重对股东权利的保护。此外，金融中介会订立有利于贷款人的法律契约。法律一般更注重保护债权人的利益，强调贷款合同的法律约束力，这种法律制度有利于形成以银行贷款为主的金融结构。

---

① 本书采用需求尾随型的金融发展路径，金融发展和金融结构差异是实体经济部门发展的结果，由于微观领域的公司融资结构的差异构成了本国的金融结构。

由于贷款人对项目的了解十分有限，而借款人对项目的质量拥有完全的信息，因此，在贷款发放之前，借款人为获取贷款，可能会向贷款人提供虚假信息，使得不符合贷款条件的投资项目获得贷款，借贷双方的信息不对称会导致逆向选择的存在。在贷款发放之后，贷款人对借款人的监督是有成本且有限的，对贷款的去向无法实施有效的监督。贷款项目成功与否取决于借款人的经营水平、市场环境等诸多因素，存在较高的不确定性，这些会增加贷款人的信贷风险。因为，为降低风险，贷款人会提高贷款的利率，对于信用较低的企业，金融中介会要求高于市场平均利率的贷款利率。

长期贷款的债权人通常用债务合约去约束债务人的机会主义行为，同样地，外部股东依靠忠诚责任去约束公司内部人的机会主义行为，并对外部人提供遭受损失时的相应补偿机制，才能使外部投资者的权益得到应有的保障，从而减少外部人投资的不确定性和风险。

第四，金融体系的重要功能之一是管理风险[1]。金融中介能够提供跨期风险分担。长期投资收益比短期投资高，但流动性不强，难以及时变现，因此个人投资者可能因流动性约束而不愿意接受较高的长期投资收益。金融中介的优势在于可以将大量不同流动性偏好的投资者集中起来，根据大数法则提供流动性，同时享受长期投资带来的收益。而金融市场没有能力抵御流动性冲击，因而无法区分哪些投资者确实有流动性需求，哪些投资者纯粹为了套利。这里，信息不对称使得金融中介在防止流动性冲击、提供跨期风险分担方面具有相对优势，金融中介机构通过在不同时期中均衡得失来防止资产价格的过分波动，从而在不同期限内平滑投资收益，而金融市场无法提供这种保证，因为不同的"代际"是在不同的时点上参与市场的（Allen and Gale，2000）。

金融市场允许个人分散投资组合，对冲异质性风险，投资者可根据自身风险承受能力来调整资产组合的风险。这种在既定的时点上，不同投资者进行风险互换的做法称之为横向风险分担。在此金融市场实际上表达了

---

① 从横向和时间序列的角度，金融体系的风险管理功能大致可以分为横向风险分担（Cross-sectional Risk Sharing）和跨期风险分担（Intertemporal Risk Sharing）。

不同投资者在某一个既定时点上对风险的不同感受，因而金融市场也就扮演了表达不同投资者不同意见的机制的角色。

从风险管理来看，金融中介可以通过大规模从事风险业务降低投资者直接参与金融市场的成本，在以金融中介为主的金融机构下，风险管理可以借助跨期平滑来实现，金融中介可以通过积累风险低、流动性强的资本来减少跨期风险；在以金融市场为主的金融结构下，金融市场承担的横向分担的功能则至关重要，所以依赖金融市场进行横向风险管理的金融结构，需要一个发达的衍生金融市场来对冲风险。

第五，债务投资和股权投资相互影响，使得宏观经济具有顺周期性，突出表现为信贷、资产价格和投资的"繁荣萧条周期"日益明显，通常还伴随着层出不穷的金融危机。

国外一些学者通过研究发现，金融中介具有明显的顺周期特征。Borio等（2001）最先提出商业银行的顺周期特征，认为银行经营中的顺周期性主要是由于银行资本的顺周期性变化，导致其在盈利能力和外部筹集资本能力上体现出顺周期性。金融体系中顺周期行为不仅与金融主体的心理因素有关，也与现行政策部门的制度安排有关。金融加速器效应、金融机构的非理性行为、金融外部监管、非对称的货币政策操作强化了金融体系顺周期效应。

金融深化理论注意到了发展中国家的金融体制尚不完善，金融发展不足，对企业发展不利，主要就在于金融抑制导致企业融资困难，无法准确评估企业的真实价值。

（二）企业投资环境——股权和制度环境

国内的一系列制度安排和政策执行的连续性会影响到企业的内在价值，金融市场和制度不完善、市场经济发展不足提高了企业的成本，不利于资源的有效配置。

股权结构会对企业产生重要影响：一是影响企业绩效；二是影响企业决策行为。国际股权资本会推动企业股权来源的多样化，一方面有利于企业的国际化发展，另一方面不利于企业的投机决策。有效的投资项目选择是企业可持续发展的核心，而投资是否能筹集足够的资金，则取决于企业融资能力的强弱及其相关制度安排的效率。在不完善的市场条件下，公司良好的经营业绩和发展前景有利于其获得成本较低的融资，尤其是股权融资。

制度改进的第一个方面是公司治理结构，公司治理结构不善会导致股东和债权人产生冲突，不利于企业的投资和经营。当企业发行风险负债时，使企业价值最大化的经营决策不一定能够同时使股东财富和债权人财富最大化。股东和债权人的利益冲突确实存在，而且这种冲突随着企业负债水平的上升而加剧。制度改进是影响企业效率差异的重要来源，制度的两个重要维度——合约实施制度和产权保护制度将通过多个方面影响企业效率。合约实施制度将通过事前专用型投资激励、技术选择和研发激励等途径对企业的生产效率产生影响。产权保护制度差异是国家之间投资和增长差异的重要来源。由于产权保护制度能够直接刺激企业投资，因此产权保护制度完善的地区，不仅可以鼓励初创企业进入市场，还可以激励成熟企业扩大投资，行业内的竞争越激烈，越有利于企业的进入和退出，促进资源的有效配置。

（三）微观角度的初始条件

一国的初始条件并不是单指宏观条件，而是在微观基础上的各部分的有机组合。

国际资本对东道国投资的主要目的是获取投资收益和汇率变动收益，当汇率变动有利于投资行为时，表现为正收益，反之则表现为负收益。凡是影响到国际资本收益的微观企业的行为都是微观视角的初始条件的来源。

金融体系无疑是重要的，一方面关系着企业的融资，另一方面关系着企业投资的价值。在金融功能完善的情况下，金融中介和金融市场各自以不同的方式实现这两种功能。

制度改进也是重要的，一方面公司治理结构会因为国际股权资本而产生较大的改变，稀释原股东的权益；另一方面国际债务的引入会引发财务结构的重塑，同时汇率成本是企业财务的重要内容。

当一国的市场制度不完善、信息不对称和道德风险广泛存在时，企业在国际资本流入导致国内资金充沛的情况下盲目推进高风险的项目，容易造成信贷过度、投资泡沫和资产泡沫，最终拖累企业。

综上所述，金融发展、制度改进和宏观政策对于资本账户开放中的微观企业影响巨大。

三、国际债务资本和国际股权资本的特点

国际债务资本流入的投资标的主要是债券和货币市场工具，国际股权资本流入主要是 FDI 投资、股权投资等。本节分析不同形式的国际资本对国内经济的影响。

（一）不同形式的资本流动的动态调整

从共性来看，不管是债务资本流动，还是股权资本流动，都会增强原有的金融体系顺周期性。资本自由流动会通过数量效应和价格效应两种途径增强金融体系的顺周期性。邱兆祥等（2013）从价格效应角度进行分析，认为随着资本账户开放，金融业的各种要素价格，如利率、汇率、通胀会相互影响，逐步形成一个价格传导机制，增强顺周期性。

国际债务资本和国际股权资本的顺周期性来自三个方面：①企业的融资和经营的顺周期性；②金融体系的顺周期性；③世界经济的周期性。

金融加速器理论揭示了金融机构的顺周期性，金融市场存在信贷约束，当企业净财富增加时，企业能够得到更多的信贷资源，由此扩大生产，推动宏观经济的增长。但当企业净财富减少时，金融机构对企业的信贷萎缩，造成企业经营困难，最终导致宏观经济增长放缓。

企业的融资也具有一定的顺周期性，债务资本和股权资本的顺周期性也源于此。

当经济向好时，债务融资提高、企业生产扩大、净利润增加、每股盈余提高，有利于企业基本面的业绩表现，而资本流入有利于股票上涨，最终有利于其进行股权融资。

股权融资增加时的效应比较复杂。企业增发股票时，会引起原有股东抛售股票，导致股票价格降低，企业资产缩水，企业业绩和财务状况受到影响，从而不利于债务融资；但当企业股票不发生变化，或者股价上升时，企业的股权融资增加，导致总资产和企业现金流增加，利息保障得到提高、

财务环境得以改善、债务融资成本下降，从而有利于企业债务融资。

当经济不好时，企业经济状况变坏，此时债务成为企业的负担，同时由于业绩表现不佳，不利于企业进行股权融资。

股权融资降低时的效应也比较复杂。企业的股票价格降低，投资者纷纷退出，股票价格进一步降低，企业财务表现欠佳，导致投资者对企业的利息保障不乐观，从而导致债务融资成本下降，债务融资困难。但在企业股票价格不断下降的过程中，也会有投资者以较低的价格买进，从而稳定了企业的股票价格。

由此，从宏观层面看，股权融资、债务融资和金融市场都存在一定的顺周期，当周期叠加的情况出现时，会造成生产波动的进一步加剧。

国际资本流动的周期也会加剧国内的经济周期，进而加剧生产波动。本书认为，国际债务资本流入的增加，通常也会带动国际股权资本流入的增加；股权资本流入增加的效应比较复杂，通常情况下会促进债务资本流入。综上所述，国际债务资本的流出通常也会导致国际股权资本流出增加，国际股权资本流出也会带动国际债务资本流出的增加。

图 4-1 展示了发展中国家不同形式的资本流入趋势。国际债务流入在 20 世纪 90 年代之前呈不断上升的趋势，之后则出现下降趋势；FDI 流入则在 20 世纪 90 年代之后快速上升。由此可见，企业的国际融资对这种趋势的形成有一定的解释作用。国际债务资本流入有利于改善企业的财务形式，促进企业经营，从而提高企业利润，增加企业价值，有利于国际股权资本的流入。但国际股权资本的流入则不一定会导致国际债务资本流入，国际股权资本流入提高了企业的股票价格，企业的总资产会提高，企业此时反而会偿还债务，降低财务风险，从而未必会增加国际债务资本流入。

图 4-2 显示了发展中国家不同形式的资本流出趋势。从发展中国家的对外投资来看，对外的 FDI 投资和债务投资似乎是独立的行为，并没有太大的相关性。不同形式的资本流出的同时发生，经常出现在一国发生金融危机时。

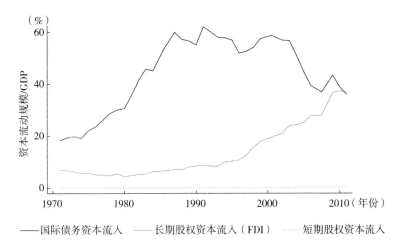

图 4-1　1970~2011 年发展中国家的债务资本流入和股权资本流入

注：①笔者通过 Stata 计算发展中国家的历年资本流入的中位数绘制而成；②发展中国家的样本见附录 A。

资料来源：数据来自 Lane 和 Milesi-Ferretti 构造的数据库，网址：http://www.philiplane.org/EWN.html。

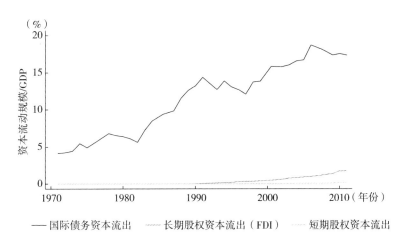

图 4-2　1970~2011 年发展中国家的债务资本流出和股权资本流出

注：①笔者通过 Stata 计算发展中国家的历年资本流出的中位数绘制；②发展中国家的样本见附录 A。

资料来源：数据来自 Lane 和 Milesi-Ferretti 构造的数据库，网址：http://www.philiplane.org/EWN.html。

（二）两种形式的国际资本的比较

国际债务资本和国际股权资本对发展中国家经济的影响机制主要有以下五点不同：

第一，从企业融资模式来看，能够从国际市场上进行融资的大多是大型企业，传统产业、成熟产业的企业更倾向于国际债务融资，以确保在业务正常和财务稳健的情况下还本付息。在国外金融市场从事国际股权融资的大多是中小型企业和新兴产业，因其对于获取高收益需求的投资者更有吸引力。

第二，从风险承担来看，国际债务资本流动主要会影响一国金融机构中的时间维度，且具有跨期风险分担功能，当资本大规模流出或者发生资本逆转时，就会产生流动性危机。当发生主权债务危机时，应及时补充流动性，在国际资本市场上发行新的债务，寻求国际组织救助或者债务展期。因此，国际债务资本开放应注重期限结构，如果所有债务资本的到期期限重合，则会导致流动性不足。

国际股权资本流动影响金融市场中的横截面维度，金融市场承担的是横向风险分担功能，股权资本流动涉及个人或企业，会强化金融市场的信息不对称和道德风险。股权资本注重风险的传递，因此股权资本开放更加注重规模性，如果产生同质性，只有买方而没有卖方，风险则会集中，金融市场难以运转。因此，当国际股权资本大规模流出时，则需要政府出手救助，缓解同质性问题。由于通过个人渠道的资本流动难以监管，因此适宜采取资本管制措施，而临时的资本管制可以缓解资本集中流出时对国内经济造成的冲击。

第三，从对宏观经济的冲击来看，国际债务资本首先对一国的流动性产生影响；其次，当一国外债比重过大时，容易发生主权债务危机；最后，国际债务资本存在债务资本—流动性效应，流动性的提高有利于利率降低，促进信贷扩张。

金融市场在经济繁荣时会导致国际股权资本流入，推高资产价格，使得金融体系同质性投资行为上升，从而导致严重失衡甚至增加系统性风险。

第四，从影响机制来看，国际债务资本流入是借用国际信用，进一步弥补国内信用的不足。信用的增长有利于国内创造充足的流动性，从而促进信贷和提高资产价格。国际股权流动相当于金融市场功能延伸，能够在国际上起到"优选淘汰"机制的作用，促进企业并购重组，与国际接轨。

同时，国际股权流动也是对一国投资建设的"选择"机制，当一国经济表现良好时，呈现出大规模资本流入。

第五，从监管来看，国际债务资本流动监管既包括对微观金融中介机构的监管，也包括总体的资本流动的检测。但是，对于个人渠道的股权资本的流动，却难以监管。

现实中，金融中介和金融市场是同时存在并综合发挥作用的，因此难以严格区分彼此。例如，在股票市场上，也存在债券的申购、赎回和交易；在衍生品市场上，利率类期货品种的标的就是债券。一场金融危机可能同时伴随着两种形式的危机，但应对两种资本流动的监管和应对措施应有所差异。

金融中介和资产价格相互影响会强化金融体系的顺周期性，金融市场的信息不对称和不完善、国际债务资本流动和国际股权资本流动会加强这种顺周期性。对信贷市场来说，金融中介以风险资产的价值作为抵押，当资产的价格波动时，就会通过两种途径影响银行信贷的供给：一是通过直接影响抵押物价值；二是通过对银行的资产质量和银行资本产生影响，进而影响到银行的贷款供给能力。在风险资产价格上涨时，银行愿意提供更多的抵押贷款，从而导致信贷扩张。投资者利用从银行借来的资金投资于风险资产，当投资收益高时，可以获得较高的回报，当投资收益低时，风险投资者使用拖欠贷款、抛弃抵押物等方式来避免进一步的损失。基于此，投资者只关心收益的增加，导致投资者高估资产价格，造成风险和收益的不对称（Jensen and Meckling，1976）。国际投资者对于一国市场并不熟悉，可能会加剧该国金融市场的顺周期性，在经济扩张时期会增加一国的资金供给，在经济衰退时则率先外逃，引起一国经济的加速下滑。

第二节　初始条件与债务资本流动
对经济增长作用的关系

前一节分析了国际资本流动对国内生产企业和金融企业的影响，得出国际债务资本流入最终会增加本国的流动性的结论。本节将此项条件加入模型中，通过建立理论模型分析初始条件尤其是国内债务水平是如何制约国际债务资本流动对国内经济增长的效应的。

原有的古典经济增长模型并未探讨投资和储蓄的来源，模型中缺少金融部门对资金的调节，认为资本流入的效应只会引起货币升值，降低产出。本书借鉴 Kunieda 等（2014）的理论模型进行分析，采用本模型一是可以将一国的宏观经济政策引入模型之中，并分析国际债务资本流动；二是分析了储蓄和投资的来源，在微观基础上更符合现实状况。

一、基本分析框架

（一）生产

本节假设只存在国际债务资本流动，而国债是其中最大的交易投资品。经济增长模型中包括政府、企业和个人，时间是离散的。假设个人生活两期，第一期 t 期的年轻人为 L_t，假设政府规模为人口基数的一部分，为 γL_t，其中 $0 < \gamma < 1$；个人在第二期消费为 c_{t+1}，在第一期选择投资者或储蓄者的职业，分别获得不同的收益；假设个人是风险中性的，其效用只与消费有关，为 $u(c_{t+1}) = c_{t+1}$。

假设：①t 期：个人在 t 期出生，生产也在 t 期，得到工资 w_t，投资者借入他人工资进行投资，储蓄者将工资借出，政府在 t 期向企业征税。②t 期末：在 t 期末政府计划征收 $t+1$ 期的税收。③$t+1$ 期：个人消费其收入，同时根据其不同的职业选择，或者得到投资收益并支付利息，或者获得储蓄利息，同时政府向企业征税。④企业为同质性企业，税率相同。

最终产品部门的生产通过投入资本和劳动进行，假设存在公共资本的 Cobb—Douglas 生产函数为：

$$Y_t = AZ_t^\alpha \left(g_t L_t\right)^{1-\alpha}, 0 < \alpha < 1 \qquad (4-1)$$

其中，Y_t 是产出，A 是技术水平，Z_t 是物质资本，α 是资本的产出弹性，L_t 是劳动力，g_t 是政府用于个人的公共支出。政府的收入来源于税收，政府对企业征税，假设最终收入系数为 τ_t，其中 $\tau_t = \overline{\tau_t} + \theta_t \tau_t (0 < \theta_t < 1)$，

而 $\overline{\tau_t}$ 为政府税收，$\theta_t \tau_t Y_t$ 为国债收入（政府每年新发行的债务小于税收收入，$r_t \theta_t \tau_t \leq (1 - \theta_t)$，表示每年的利息支出不能大于税收收入），$\theta_t$ 的提高意味着国内债务水平提高。

企业的利润最大化问题为：

$$\max (1 - \tau_t) Y_t - w_t L_t - q_t Z_t$$

$$\text{s.t. } Y_t = A Z_t^\alpha (g_t L_t)^{1-\alpha}$$

其中，w_t 为个人工资，q_t 为资本价格，求解一阶条件得到工资和资本价格为：

$$q_t = \frac{\alpha (1 - \tau_t) Y_t}{Z_t} \tag{4-2}$$

$$w_t = \frac{(1 - \alpha)(1 - \tau_t) Y_t}{Z_t} \tag{4-3}$$

（二）金融中介

从银行的资产负债表来看，银行的负债包括国内储蓄 D 和从国外融资的储蓄 F，资产包括信贷 $Loan$ 和存在中央银行的法定储备 R，即：

$$Loan + R = D + F$$

假设规定的银行法定储备金为银行吸收的国内存款的一定比例——κ，则法定储备金为：

$$R = \kappa D, 0 < \kappa < 1$$

国债发行导致国内的流动性紧张，债务资本流入可以缓解流动性紧张问题，因此，假设国际债务资本流入规模为国内储蓄的一定比例：

$$F = \varsigma \times D, 0 < |\varsigma| < 1$$

其中，ς 代表资本控制程度，ς 越大，资本账户开放程度越高。假设国

外的利率 r_f（r_f 是外生的，国外金融市场发达，存贷款利率之间差异非常小）低于国内的储蓄利率 r_d，由于支付给国外的储蓄利率较低，因此银行部门倾向于使用外国资金，但是受资本控制，银行只能使用一部分外国资金，参数 ς 的上升代表资本管制程度的降低。

均衡状态下，银行的均衡条件为：

$$r_l \times Loan = r_d D + r_f F$$

假设 $r_f = 0$，将上式联立可得：

$$r_d = (1 + \varsigma - \kappa)r_l = \vartheta r_l, 0 < \vartheta < 1 \qquad (4\text{-}4)$$

其中，ϑ 为金融自由化指数，表明国内金融抑制和资本控制造成的利率差异，随着 ϑ 的增大，存贷款利率之间的差异缩小。

（三）消费最优化

本书假设个人的职业选择为投资者或储蓄者，个人面临的预算约束为：

$$k_t - l_t + d_t \leqslant w_t + f_t$$

$$f_t = \varsigma \times d_t$$

$$c_{t+1} \leqslant q_{t+1}\phi k_t + r_{d,t+1}d_t - r_{l,t+1}l_t - r_{f,t+1}f_t \qquad (4\text{-}5)$$

式（4-5）表示个人的投资计划和消费。k_t 表示投资（$k_t \geqslant 0$），l_t 表示借贷，d_t 表示储蓄，f_t 表示国外资本流动。个人年轻时进行投资 k_t 的收益为：第 2 期得到资本 ϕk_t（ϕ 表示个人的投资能力，且 $0 \leqslant \phi \leqslant 1$），资本价格为 q_{t+1}；个人年轻时储蓄 d_t 的收益为：第 2 期得到收益 $r_{d,t+1}d_t$；年轻时借入 l_t 进行投资，支付成本为：$r_{l,t+1}l_t$。

信贷市场存在信贷约束，借鉴 Aghion 等（2005）对信贷约束的研究，个人面临的信贷约束为：

$$l_t \leqslant v w_t \qquad (4\text{-}6)$$

其中，υ 表示信贷约束程度。

个人是风险中性者，因此其最优化问题为消费最大化，通过计算得到最优化问题为：

$$\max\left[q_{t+1}\phi\frac{1}{1-\mu}-\frac{\mu\times r_{l,t+1}}{1-\mu}\right]w_t+\left[r_{d,t+1}-q_{t+1}\phi(1-\varsigma)\right]d_t$$

$$\text{s.t. }-\upsilon w_t\leqslant d_t\leqslant w_t$$

令 $\mu=\dfrac{\upsilon}{1+\upsilon}$。

最优化的结果是门槛值，当 $r_{d,t+1}-q_{t+1}\phi(1-\varsigma)>0$ 时，个人进行储蓄，即 $k_t=0,d_t=w_t$；当 $r_{d,t+1}-q_{t+1}\phi(1-\varsigma)<0$ 时，个人借入资金进行投资，$l_t=\upsilon w_t=\dfrac{\mu}{1-\mu}w_t$，投资为 $k_t=(1+\upsilon)w_t=\dfrac{1}{1-\mu}w_t$。

由于资本流动主要影响贷款利率，令 $\phi^*=\dfrac{r_{d,t+1}}{(1-\varsigma)q_{t+1}}=\dfrac{\vartheta\times r_{l,t+1}}{(1-\varsigma)q_{t+1}}$，当 $\phi>\phi^*$ 时，$l_t=\dfrac{\mu}{1-\mu}w_t$，$k_t=\dfrac{1}{1-\mu}w_t$；当 $\phi<\phi^*$ 时，$k_t=0$，$d_t=w_t$，此时金融部门为了利润最大化，会将资金用于国外，导致本国资本流出。资本账户开放提高了对一国的要求，若一国的金融发展程度低，则投资降低，资本为追求高收益外流到国外。

（四）金融资源及其分配

假设一国金融资源的剩余为储蓄减去投资，即：

$$S_t=\int_0^{\phi^*}w_tL_td\phi-\int_{\phi^*}^1\frac{\mu}{1-\mu}w_tL_td\phi=\frac{(\phi^*-\mu)}{1-\mu}w_tL_t \tag{4-7}$$

当处于均衡状态时，$S_t=0$，则 $\phi^*=\mu$。

$$g_tL_t=\overline{\tau}_tY_t+\left(B_t-r_tB_{t-1}\right)=\overline{\tau}_tY_t+\theta_t\tau_tY_t$$

债券融资的国内影响渠道为：政府通过债券融资，有利于增加整体的财政收入，政府希望将利率维持在低水平，但债券融资减少了货币，引起资金紧张，导致利率升高，进而导致资本流入激增。假设债券和投资项目并不是完全替代品，个人首先会进行私人生产投资，有风险的项目的资金会转而投资于政府债券。假设 $q \geq r \geq r_f$ [①]，第一个不等式是为了保证有私人投资，当两者相等时，财政扩张政策对私人投资有完全的挤出效应；第二个不等式表示由于缺乏资本和金融压抑，新兴市场国家和发展中国家的利率高于国际资本市场的利率。

政府的债券融资额为产业投资之后的剩余金融资源，当金融资源充足时，由于国内资金充足导致利率处于较低的水平，此时表现为资本流出；当金融资源不足时，在资本自由流动的情况下，政府通过国际市场融资，此时资本通过债券渠道流入。由于国际市场的利率较低，因此通过国际市场的融资成本较低，即：

$$\theta_t \tau_t Y_t = \int_0^{\phi^*} w_t L_t d\phi - \int_{\phi^*}^1 \frac{\mu}{1-\mu} w_t L_t d\phi = \frac{(\phi^* - \mu)}{1-\mu} w_t L_t = (1-\alpha)(1-\tau_t)\frac{(\phi^* - \mu)}{1-\mu} Y_t$$

由此可知，财政政策发挥效用与 μ（金融发展状况，当金融发展程度高时，信贷约束程度降低）、τ_t（税收）、α（劳动投入）和 ϕ^*（门槛条件）有关。

二、政府最优化行为和经济增长率

（一）政府预算与经济增长率

由于国债的购买涉及国际金融市场和资本流动，无法进行计算。借鉴 Futagami 等（1993）的做法，政府的预算为：

$$g_{t+1} L_{t+1} = \overline{\tau_{t+1}} Y_{t+1} = \left[\tau_{t+1}(1-\theta_{t+1}) \right] Y_{t+1} \tag{4-8}$$

将式（4-8）代入生产函数可得：

$$Y_{t+1} = A^{\frac{1}{\alpha}} \left(1-\theta_{t+1}\right)^{\frac{1-\alpha}{\alpha}} \tau_{t+1}^{\frac{1-\alpha}{\alpha}} Z_{t+1} \tag{4-9}$$

---

① 这里并不考虑短期利率的影响。长期利率处于高位，显示处于金融抑制状态。由于利率较高，债券价格较低，在国际市场上有一定的吸引力，因此资本账户开放后出现资本流入的情况。

因此，资本价格和工资变化为：

$$q_{t+1} = \alpha A^{\frac{1}{\alpha}}\left(1-\tau_{t+1}\right)\left(1-\theta_{t+1}\right)^{\frac{1-\alpha}{\alpha}}\tau_{t+1}^{\frac{1-\alpha}{\alpha}} \qquad (4-10)$$

$$w_{t+1} = \left(1-\alpha\right)A^{\frac{1}{\alpha}}\left(1-\tau_{t+1}\right)\left(1-\theta_{t+1}\right)^{\frac{1-\alpha}{\alpha}}\tau_{t+1}^{\frac{1-\alpha}{\alpha}}z_{t+1} \qquad (4-11)$$

其中，$z_{t+1} = \dfrac{Z_{t+1}}{L_{t+1}}$。

资本积累为：

$$Z_{t+1} = \int_{\phi^*}^{1}\phi k_t L_t d\phi = \frac{\left(1-\left(\phi^*\right)^2\right)w_t}{2\left(1-\mu\right)}L_t \qquad (4-12)$$

假设 $L_{t+1} = L_t$，通过式（4-12）可得：

$$z_{t+1} = \frac{\left(1-\left(\phi^*\right)^2\right)w_t}{2\left(1-\mu\right)} = \frac{\left(1-\left(\phi^*\right)^2\right)\left(1-\alpha\right)A^{\frac{1}{\alpha}}\left(1-\tau_t\right)\left(1-\theta_t\right)^{\frac{1-\alpha}{\alpha}}\tau_t^{\frac{1-\alpha}{\alpha}}}{2\left(1-\mu\right)}z_t$$

则资本积累率即经济增长率为：

$$\Gamma_{t+1}^{\theta} = \frac{z_{t+1}}{z_t} = \frac{\left(1-\left(\phi^*\right)^2\right)\left(1-\alpha\right)A^{\frac{1}{\alpha}}\left(1-\tau_t\right)\left(1-\theta_t\right)^{\frac{1-\alpha}{\alpha}}\tau_t^{\frac{1-\alpha}{\alpha}}}{2\left(1-\mu\right)} \qquad (4-13)$$

（二）政府最优化行为

政府计划的最优化为：

$$\max \bar{c}_{t+1}^{1-\beta}b_{t+1}^{\beta}$$

即

$$\max\left[\left(1-\tau_{t+1}\right)Y_{t+1}\right]^{1-\beta}\left[\theta_{t+1}\tau_{t+1}Y_{t+1}\right]^{\beta}$$

其中，$\left(1-\tau_{t+1}\right)Y_{t+1}$ 为消费，$\theta_{t+1}\tau_{t+1}Y_{t+1}$ 为债券收入。当国内金融资源不足时，政府通过国际市场融资，国外资本通过债券渠道流入。

当 $\phi < \phi^*$ 时，$c_{t+1} = r_{t+1}d_t = \phi^* q_{t+1}w_t$；

当 $\phi > \phi^*$ 时，$c_{t+1} = \phi q_{t+1}k_t + r_{t+1}d_t = \dfrac{\left(\phi - \mu\phi^*\right)}{1-\mu}q_{t+1}w_t$。

因此

$$\overline{c_{t+1}}L_t = \int_0^{\phi^*} \phi^* q_{t+1}w_t L_t d\phi + \int_{\phi^*}^1 \frac{\left(\phi - \mu\phi^*\right)}{1-\mu}q_{t+1}w_t L_t d\phi$$

即

$$\frac{\overline{c_{t+1}}}{q_{t+1}w_t} = \frac{1}{2\left(1-\mu\right)}\left(\left(\phi^*\right)^2 - 2\mu\phi^* + 1\right)$$

得到的产出和平均债券为：

$$Y_{t+1} = A^{\frac{1}{\alpha}}\left(1-\theta_{t+1}\right)^{\frac{1-\alpha}{\alpha}}\tau_{t+1}^{\frac{1-\alpha}{\alpha}}\frac{\left(1-\left(\phi^*\right)^2\right)w_t}{2\left(1-\mu\right)}L_t$$

$$b_{t+1} = \frac{\theta_{t+1}\tau_{t+1}Y_{t+1}}{\gamma L_t} = A^{\frac{1}{\alpha}}\left(1-\theta_{t+1}\right)^{\frac{1-\alpha}{\alpha}}\tau_{t+1}^{\frac{1}{\alpha}}\frac{\left(1-\left(\phi^*\right)^2\right)w_t}{2\gamma\left(1-\mu\right)}$$

因此，最优化问题变为：

$$\max\left(1-\tau_{t+1}\right)^{1-\beta}\tau_{t+1}^{\frac{(1-\alpha)(1-\beta)+\beta}{\alpha}}\left(1-\theta_{t+1}\right)^{\frac{1-\alpha}{\alpha}}\theta_{t+1}^{\beta}A^{\frac{1}{\alpha}}\frac{\left(1-\left(\phi^*\right)^2\right)w_t}{2\left(1-\mu\right)}L_t$$

最优化问题需求的最优税率和财政政策的比重为：

$$\tau^* = \left(1-\alpha\right)\left(1-\beta\right) + \beta \qquad\qquad (4-14)$$

$$\theta^* = \frac{\alpha\beta}{\left(1-\alpha\right)\left(1-\beta\right) + \beta} \qquad\qquad (4-15)$$

三、国内债务水平的影响——国际债务资本流动促进经济增长的条件

（一）条件

没有国债发行，就没有资本流入，即 $\beta = 0$，则 $\theta_t = 0$，最终税收系数为 $\overline{\tau_{t+1}} = \left(1-\theta^*\right)\tau^* = (1-\alpha)$，资本价格和工资为：

$$\overline{q} = \alpha A^{\frac{1}{\alpha}}\left(1-\alpha\right)^{\frac{1-\alpha}{\alpha}}\left(1-\tau^*\right) \tag{4-16}$$

$$\overline{w} = \left(1-\alpha\right)^{\frac{1}{\alpha}} A^{\frac{1}{\alpha}} z_t \left(1-\tau^*\right) \tag{4-17}$$

令资本增长率 $\Gamma_{t+1}^0 = \dfrac{z_{t+1}}{z_t}$，则得到无资本流动时的经济增长率为：

$$\Gamma_{t+1}^0 = \frac{z_{t+1}}{z_t} = \frac{\left(1-\left(\phi^*\right)^2\right)\left(1-\alpha\right)^{\frac{1}{\alpha}} A^{\frac{1}{\alpha}}\left(1-\tau^*\right)}{2\left(1-\mu\right)} \tag{4-18}$$

通过比较式（4-13）和式（4-18），得到：

$$\Gamma_{t+1}^\theta - \Gamma_{t+1}^0 = \frac{\left(1-\left(\phi^*\right)^2\right) A^{\frac{1}{\alpha}}\left[\left(1-\alpha\right)\left(1-\tau_t\right)\left(1-\theta_t\right)^{\frac{1-\alpha}{\alpha}} \tau_t^{\frac{1-\alpha}{\alpha}} - \left(1-\alpha\right)^{\frac{1}{\alpha}}\left(1-\tau^*\right)\right]}{2\left(1-\mu\right)}$$

$$\tag{4-19}$$

两者之间的差额为资本账户开放与封闭经济时的经济增长率的差异。

式（4-19）可以简化为：

$$\theta_t \leqslant 1 - \frac{1-\alpha}{\tau_t}\left(\frac{1-\tau^*}{1-\tau_t}\right)^{\frac{\alpha}{1-\alpha}} \tag{4-20}$$

这表明，资本账户开放发挥积极效应时，需要将债券发行规模限定在一定范围内，即国家债务应限定在一定范围内，这是由一国的内在因素决定的，包括资本产出弹性、税率等。Phelps（1961）阐述了经济增长的黄金分割率（$s = \alpha$），其中 s 为储蓄率，将 s 代入式（4-20），储蓄率对财政

扩张政策具有正向效应，储蓄率的提高将扩展开放经济体的财政空间。宏观经济模型认为 $(I+G)-(S+T)=(M-X)$，储蓄 S 的上升有利于缩小国际收支逆差，逆差缩小将减少资本流入，在税收收入不变的情况下，导致 θ_t 提高，政府可以更多地采用债券融资方式提高一国的财政空间。Ostry 等（2010）分析了财政政策的持续性，认为债券融资的比例过大，也会损害财政政策的可持续性。在国内经济的融资中，国外融资的比例应限定在一定范围内。债券发行规模过大，过度依赖资本流入，会导致资本流入激增，Ostry 等（2010）分析的资本流动管理框架中，资本流入激增导致经济过热，当汇率政策、外汇储备政策和利率政策无法有效地发挥作用时，财政政策也是资本流动管理工具的组成部分，通过财政紧缩，防止经济过热，促进国内经济的平衡。

（二）国内债务水平的影响

国际债务资本流入有五点影响：一是增加了国内的资金；二是引起对金融中介持有的债券的购买，增加了银行的流动性，银行扩大了信贷，从而能支持国内的建设；三是信贷的过度繁荣引起资产的安全性问题，工程的收益率下降，银行的资产负债表受到影响，坏账率上升，不得不扩大债券供应进行融资，债券的供应过度引起债券价格下降，国外资本也纷纷抛售国内债券，造成债券价格的进一步下降，国际融资环境恶化；四是为防止金融部门的流动危机影响深化，此时国家应该采取资本流动管理措施，限制资本流出的规模；五是为预防出现危机，事前对资本流入的规模进行一定的限制，资本流入的管制和资本流出的管制构成一国的资本流动管理框架。

根据式（4-20），国际债务资本的开放发挥积极效应时，需要债券发行规模限定在一定范围内，即国家债务应限定在一定范围内，这是由一国的内在因素决定的，包括资本产出弹性、税率等。由于过度发行债券，以及政府融资对于国外资金的依赖会提高经济的脆弱性，酿成危机，因此债券融资在财政结构中应占有合理的比例。从微观渠道来看，债务水平应限定在一定范围内，未来还本付息的压力降低，预期税率也不会提高，有利于企业增加收入，扩大投资。

第三节　初始条件与股权资本流动的
经济增长作用的关系

第一节分析了国际债务资本流入对一国经济的影响机制，以及国内债务水平对国际债务资本的经济增长效应的制约作用。本节分析国际股权资本流动对国内经济的影响机制。国际股权资本直接介入企业的投融资过程，本章将此条件代入分析过程，通过建立理论模型分析初始条件，尤其是制度因素如何影响国际股权资本流动对经济增长的作用。通过前文的分析，以股权资本为主要特征的金融市场的发展对一国制度质量的要求较高，需要对投资者有较高的保护要求，因此本书在模型中加入制度质量的影响。

一、基本分析框架

（一）生产

经济增长模型中包括政府、企业和个人，时间是离散的。假设个人生活两期，第一期 t 期的年轻人为 L_t，假设政府规模为人口基数的一部分，为 γL_t，其中 $0 < \gamma < 1$；个人在第二期消费为 c_{t+1}，在第一期选择投资者或储蓄者的职业，分别获得不同的收益；假设个人是风险中性的，其效用只与消费有关，为 $u(c_{t+1}) = c_{t+1}$。

假设：①t 期：个人在 t 期出生，生产也在 t 期，得到工资 w_t，投资者借入他人工资进行投资，储蓄者将工资借出，政府在 t 期向企业征税。②t 期末：在 t 期末政府计划征收 $t+1$ 期的税收。③$t+1$ 期：个人消费其收入，同时根据其不同的职业选择，或者得到投资收益并支付利息，或者获得储蓄利息，同时政府向企业征税。④企业为同质性企业，税率相同。

最终产品部门的生产通过投入资本和劳动进行，假设存在公共资本的 Cobb—Douglas 生产函数为：

$$Y_t = AZ_t^{\alpha} \left(g_t L_t \right)^{1-\alpha}, 0 < \alpha < 1 \qquad (4-21)$$

其中，Y_t 是产出，A 是技术水平，Z_t 是物质资本，α 是资本的产出弹性，L_t 是劳动力，g_t 是政府用于个人的公共支出。政府的收入来源于税收，政府对企业征税，假设最终收入系数为 τ_t，其中 $\tau_t = \overline{\tau_t} + \eta_t \tau_t (0 < \eta_t < 1)$，而 $\overline{\tau_t}$ 为政府税收，$\eta_t \tau_t$ 为企业额外交给政府的费用，η 的降低意味着一国制度质量的提高。

企业的利润最大化问题为：

$$\max \left(1-\tau_t\right) Y_t - w_t L_t - q_t Z_t$$

$$\text{s.t. } Y_t = A Z_t^{\alpha} \left(g_t L_t\right)^{1-\alpha}$$

其中，w_t 为个人工资，q_t 为资本价格，求解一阶条件得到工资和资本价格为：

$$q_t = \frac{\alpha\left(1-\tau_t\right) Y_t}{Z_t} \tag{4-22}$$

$$w_t = \frac{\left(1-\alpha\right)\left(1-\tau_t\right) Y_t}{Z_t} \tag{4-23}$$

（二）金融中介

从银行的资产负债表来看，银行的负债包括国内储蓄 D 和从国外融资的储蓄 F，资产包括信贷 $Loan$ 和存在中央银行的法定储备金 R，即：

$$Loan + R = D + F$$

假设规定的银行法定储备金为银行吸收的国内存款的一定比例——κ，则法定储备金为：

$$R = \kappa D, 0 < \kappa < 1$$

假设政府对资本流动进行限制，借鉴 Hagen 和 Zhang（2010）的做法来表示资本管制的程度，即政府规定了国内信贷由外国货币融资的比例：

$$F = \delta \times Loan, \ 0 < |\delta| < 1$$

其中，δ代表资本控制程度，δ越大，资本账户开放程度越高。假设国外的利率r_f（r_f是外生的，国外金融市场发达，存贷款利率之间差异非常小）低于国内的储蓄利率r_d，由于支付给国外的储蓄利率较低，因此银行部门倾向于使用外国资金，但是由于资本控制，银行只能使用一部分外国资金，参数δ的上升代表资本管制程度的降低。

均衡状态下，银行的均衡条件为：

$$r_l \times Loan = r_d D + r_f F$$

假设$r_f = 0$，将各式联立可得：

$$r_d = \frac{1-\kappa}{1-\delta} r_l = \vartheta r_l, 0 < \vartheta < 1$$

其中，ϑ为金融自由化指数，表明国内金融抑制和资本控制造成的利率差异，随着ϑ的增大，存贷款利率之间的差异缩小。

假设一国存在市场法治建设不足和道德风险，会导致银行的利润下降，因此银行倾向于使用利率偏低的国外资金，造成国家间利率的差异，为了反映这种影响，我们假设：

$$r_l = (1+\eta) r_f$$

通过各式联立可得：

$$r_d = \frac{(1+\eta-\delta)(1-\kappa)}{(1-\delta)} r_f$$

由此可得：

$$r_d = \frac{(1-\kappa)(1+\eta-\delta)}{(1-\delta)(1+\eta)} r_l = \vartheta r_l, 0 < \vartheta < 1$$

（三）消费

本书假设个人的职业选择为投资者或储蓄者，个人面临的预算约束和消费为：

$$k_t - l_t + d_t \le w_t + f_t$$

$$f_t = \delta \times l_t$$

$$r_d = \vartheta r_l$$

$$0 \le l_t \le v w_t \tag{4-24}$$

$$c_{t+1} \le q_{t+1}\phi k_t + r_{d,t+1}d_t - r_{l,t+1}l_t - r_{f,t+1}f_t \tag{4-25}$$

式（4-24）的 4 个式子表示个人的预算公式，式（4-25）为个人消费。k_t 表示投资（$k_t \ge 0$），l_t 表示个人贷款，d_t 表示个人储蓄，f_t 表示个人贷款中的国外资金部分[1]。个人年轻时进行投资 k_t 的收益为：第 2 期得到资本收益 ϕk_t（ϕ 表示个人的投资能力，且 $\phi \in (0,1)$），资本价格为 q_{t+1}；个人年轻时储蓄 d_t 的收益为：第 2 期得到收益 $r_{d,t+1}d_t$；年轻时借入 l_t 进行投资时支付成本为：$r_{l,t+1}l_t$。

假设信贷市场存在信贷约束，借鉴 Aghion（2005）对信贷约束的研究，个人面临的信贷约束为：$l_t \le v w_t$，其中 v 表示信贷约束程度，令 $\mu = \dfrac{v}{1+v}$。

个人是风险中性者，因此其最优化问题为消费最大化，通过将式（4-24）和式（4-25）联立，计算消费最优化问题。通过计算后的最大问题为：

$$\max \left[q_{t+1}\phi\left(1 + (1+\delta)\frac{\mu}{1-\mu}\right) - \frac{\mu \times r_{l,t+1}(1+\delta)}{1-\mu} \right] w_t + (r_{d,t+1} - q_{t+1}\phi)d_t$$

s.t. $-v w_t \le d_t \le w_t$

最优化的结果是门槛值，当 $r_{d,t+1} - q_{t+1}\phi > 0$ 时，个人借出资金，即 $k_t = 0$，$d_t = w_t$；当 $r_{d,t+1} - q_{t+1}\phi < 0$ 时，个人借入资金进行投资，$l_t = v w_t = \dfrac{\mu}{1-\mu} w_t$，投资为 $k_t = (1+v)w_t = \dfrac{1}{1-\mu} w_t$。

---

[1] 即使不能直接从国外贷款，但是金融机构的负债中存在国外储蓄，因此反映在个人的资产负债结构中就存在一定比例的国外借款。

令 $\phi^* = \dfrac{r_{d,t+1}}{q_{t+1}} = \dfrac{\vartheta \times r_{l,t+1}}{q_{t+1}}$，当 $\phi > \phi^*$ 时，$l_t = \dfrac{\mu}{1-\mu} w_t$，$k_t = \dfrac{1}{1-\mu} w_t$；当

$\phi < \phi^*$ 时，$k_t = 0$，$d_t = w_t$。

（四）金融资源

假设一国金融资源的剩余为储蓄减去投资，即：

$$S_t = \int_0^{\phi^*} w_t L_t d\phi - \int_{\phi^*}^1 \frac{\mu}{1-\mu} w_t L_t d\phi = \frac{(\phi^* - \mu)}{1-\mu} w_t L_t \qquad （4-26）$$

当处于均衡状态时，$S_t = 0$，则 $\phi^* = \mu$。

从 $\phi^* = \dfrac{\vartheta \times r_{l,t+1}}{q_{t+1}}$ 来看，由于资本流动参与本国的投资，因此资本流动会

对一国的投资门槛产生影响。从投资门槛的绝对值来看，$0 < \vartheta < 1$，资本

流动降低了一国的投资门槛；但是从其效应来看，$\dfrac{d\phi^*}{d\vartheta} > 0$，这从侧面对一

国的投资能力提出了更高的要求。由于资本流动的背后包括人员、科技的流动，因此资本流动加剧了一国的市场竞争程度。一方面，随着资本流入，一国的信贷资金数量增加，反映了资本流入的数量效应；另一方面，资本流入加剧了市场竞争，从需求方促使一国提高投资能力，反映了资本流动的质量效应。

二、国际股权资本流动与经济增长率

（一）政府预算与经济增长率

国家提供"保护"和"公正"等一系列服务来换取社会税收收入。根据收入最大化原则，国家一方面要追求自身的租金收入最大化；另一方面要通过降低交易成本以使全社会总产出最大化，从而增加国家的税收。政府征收资产税用于财政支出，并将公共服务平均到个人。同样借鉴 Futagami 等（1993）的做法，政府的预算为：

$$L_{t+1} = \overline{\tau_{t+1}} Y_{t+1} = \left[\tau_{t+1} \left(1 - \eta_{t+1} \right) \right] Y_{t+1} \qquad （4-27）$$

将式（4-27）代入生产函数可得：

$$Y_{t+1} = A^{\frac{1}{\alpha}} \left(1 - \eta_{t+1}\right)^{\frac{1-\alpha}{\alpha}} \tau_{t+1}^{\frac{1}{\alpha}} Z_{t+1} \qquad (4-28)$$

资本价格和工资变化为：

$$q_{t+1} = \alpha A^{\frac{1}{\alpha}} \left(1 - \tau_{t+1}\right) \left(1 - \eta_{t+1}\right)^{\frac{1-\alpha}{\alpha}} \tau_{t+1}^{\frac{1}{\alpha}} \qquad (4-29)$$

$$w_{t+1} = (1-\alpha) A^{\frac{1}{\alpha}} \left(1 - \tau_{t+1}\right) \left(1 - \eta_{t+1}\right)^{\frac{1-\alpha}{\alpha}} \tau_{t+1}^{\frac{1}{\alpha}} z_{t+1} \qquad (4-30)$$

其中，$z_{t+1} = \dfrac{Z_{t+1}}{L_{t+1}}$。

资本积累为：

$$Z_{t+1} = \int_{\phi^*}^{1} \phi k_t L_t d\phi = \frac{\left(1 - \left(\phi^*\right)^2\right) w_t}{2(1-\mu)} L_t \qquad (4-31)$$

假设 $L_{t+1} = L_t$，通过式（4-31）可得：

$$z_{t+1} = \frac{\left(1 - \left(\phi^*\right)^2\right)(1-\alpha) A^{\frac{1}{\alpha}} \left(1 - \tau_t\right)\left(1 - \eta_t\right)^{\frac{1-\alpha}{\alpha}} \tau_t^{\frac{1}{\alpha}}}{2(1-\mu)} z_t \qquad (4-32)$$

则资本积累率即经济增长率为：

$$\frac{z_{t+1}}{z_t} = \frac{\left(1 - \left(\phi^*\right)^2\right)(1-\alpha) A^{\frac{1}{\alpha}} \left(1 - \tau_t\right)\left(1 - \eta_t\right)^{\frac{1-\alpha}{\alpha}} \tau_t^{\frac{1}{\alpha}}}{2(1-\mu)} \qquad (4-33)$$

（二）政府最优化行为

政府的行为包括消费最大化和经济成本最小化，政府计划的最优化为：

$$\max \bar{c}_{t+1}^{1-\beta} b_{t+1}^{\beta}$$

其中，$\bar{c}_{t+1}$ 为消费，$b_{t+1} = \eta_{t+1} \tau_{t+1} Y_{t+1}$。

当 $\phi < \phi^*$ 时，$c_{t+1} = r_{d,t+1}d_t = \phi^* q_{t+1}w_t$；

当 $\phi > \phi^*$ 时，$c_{t+1} = \phi q_{t+1}k_t - r_{1,t+1}l_t = \left[\dfrac{\phi - \mu\phi^*}{(1-\mu)}\right]q_{t+1}w_t$。

因此，

$$\overline{c_{t+1}}L_t = \int_0^{\phi^*} \phi^* q_{t+1}w_t L_t d\phi + \int_{\phi^*}^1 \left[\frac{\phi - \mu\phi^*}{(1-\mu)}\right]q_{t+1}w_t L_t d\phi$$

即，

$$\frac{\overline{c_{t+1}}}{q_{t+1}w_t} = \frac{1}{2(1-\mu)}\left\{\left(\phi^*\right)^2 - 2\mu\phi^* + 1\right\}$$

得到产出和非正式税收为：

$$Y_{t+1} = A^{\frac{1}{\alpha}}\left(1-\eta_{t+1}\right)^{\frac{1-\alpha}{\alpha}} \tau_{t+1}^{\frac{1}{\alpha}} \frac{\left(1-\left(\phi^*\right)^2\right)w_t}{2(1-\mu)}L_t$$

$$b_{t+1} = \frac{\eta_{t+1}\tau_{t+1}Y_{t+1}}{\gamma L_t} = A^{\frac{1}{\alpha}}\left(1-\eta_{t+1}\right)^{\frac{1-\alpha}{\alpha}} \tau_{t+1}^{\frac{1+\alpha}{\alpha}} \eta_{t+1} \frac{\left(1-\left(\phi^*\right)^2\right)w_t}{2\gamma(1-\mu)}$$

因此，将最优化问题简单化为：

$$\max \left(1-\tau_{t+1}\right)^{1-\beta} \tau_{t+1}^{\frac{1+\alpha\beta}{\alpha}} \left(1-\eta_{t+1}\right)^{\frac{1-\alpha}{\alpha}} \left(\eta_{t+1}\right)^{\beta} A^{\frac{1}{\alpha}} \frac{\left(1-\left(\phi^*\right)^2\right)w_t}{2(1-\mu)}L_t$$

通过求解可得：

$$\eta^* = \frac{\alpha\beta}{1-\alpha+\alpha\beta} \tag{4-34}$$

$$\tau^* = \frac{1+\alpha\beta}{1+\alpha} \tag{4-35}$$

通过比较式（4-34）和式（4-35）可知，当 $\eta^* = 0$ 时，即 $\beta = 0$ 时，则

$\tau^* = \dfrac{1}{(1+\alpha)}$ ，即不存在额外经济成本的情况下，资产税为 $\dfrac{1}{(1+\alpha)}$ 。由此可见，在制度质量较高的情况下，税收和资本产出弹性呈反向关系，当资本产出弹性高（如资本密集型和知识密集型）时，降低税率有利于促进企业扩张，从而整体上增加税收；当资本产出弹性较低时，提高税率有利于增加整体税收。

三、制度因素的影响——国际股权资本流动促进经济增长的条件

当一国政府制度质量较高时，$\beta = 0$ ，即 $\eta_t = 0$ ，则最终税收系数为

$\overline{\tau_{t+1}} = \left(1 - \eta^*\right)\tau^* = \dfrac{1}{(1+\alpha)}$ ，资本价格和工资为：

$$\overline{q} = \alpha A^{\frac{1}{\alpha}}\left(1-\tau^*\right)\left(\tau^*\right)^{\frac{1}{\alpha}} = \alpha A^{\frac{1}{\alpha}}\frac{\alpha}{(1+\alpha)}\left(\frac{1}{(1+\alpha)}\right)^{\frac{1}{\alpha}} \tag{4-36}$$

$$\overline{w} = (1-\alpha)A^{\frac{1}{\alpha}}\left(1-\tau^*\right)\left(\tau^*\right)^{\frac{1}{\alpha}} z_t = (1-\alpha)A^{\frac{1}{\alpha}}\frac{\alpha}{(1+\alpha)}\left(\frac{1}{(1+\alpha)}\right)^{\frac{1}{\alpha}} z_t \tag{4-37}$$

令资本增长率为 $\dfrac{z_{t+1}}{z_t}$ ，则得到不存在额外经济成本时的经济增长率为：

$$\frac{z_{t+1}}{z_t} = \frac{\left(1-\left(\phi^*\right)^2\right)(1-\alpha)\,A^{\frac{1}{\alpha}}\left(1-\tau^*\right)\left(\tau^*\right)^{\frac{1}{\alpha}}}{2(1-\mu)} \tag{4-38}$$

通过对比式（4-33）和式（4-38），两者的差异体现在 $\dfrac{1-\left(1-\eta_t\right)^{\frac{1-\alpha}{\alpha}}}{2(1-\mu)}$ ，表明在制度质量较高的情况下，经济增长率更高。制度质量和金融市场的发展降低了一国市场经济发展的成本，不仅有利于优化资源配置，还有利于在经济基本面恶化时国际股权资本留在国内，因为企业经营稳健有利于资本的长期受益，对国际股权投资来说是好消息。

金融资产的交易丰富了交易工具，随着交易次数的增加，风险转移和

资产规模也在增加，能够促进金融资源的合理配置。金融市场丰富了个人的经济角色转换，个人也能从国家经济增长中获得财富，有利于促进经济增长的财富效应。金融市场交易次数的扩大，增加了个人的财富。国际股权资本使得经济主体可以参与国际市场，扩大了市场的范围，提高了资源利用效率，国际股权资本对资本输入国更多的是市场的延伸。

第四节　不同形式的资本流动的比较分析

从前三节的理论分析来看，国际债务资本流动和国际股权资本流动对一国的影响机制是不同的。

一、从国内资本的流动性状态来看

国际债务资本流入为一国的经济增长提供了流动性支持。国家为缓解财政赤字而发行债券，减少了市场上流动的货币，造成流动性紧张，利率上升。利率上升有两个效应：一是利率上升，本币升值，为追求货币升值收益，国外资本流入；二是债券价格下降，引起投资资本的流入。债务资本的流入缓解了一国流动性的紧张状态，利率开始下降。但资本流入激增会对一国国内的宏观经济造成冲击，当一国经济出现过热，或通货膨胀情形时，国内政府开始推行紧缩的财政政策，造成资本外流，当国际债务的还款期限集中在一起时，会造成债务资本的风险累积，对一国经济产生冲击。因此，国际债务资本流动需要注重其利率期限结构。

国际股权资本流动直接介入一国企业的投融资过程，通过国内的信贷渠道进入一国的生产过程，股权资本流入可以增加一国的信贷供给，缓解信贷需求，并不直接对流动性产生冲击。国际股权资本流入促进了一国的信贷扩张，有利于促进一国经济增长。但是，当一国市场不完善时，道德风险、逆向选择、信贷约束普遍存在，国际股权资本流入会选择那些风险高、收益高的项目，在一国经济基本面发生问题之后，国际股权资本会迅速撤离，引发金融市场的同质性问题，造成市场的波动。

二、从产生门槛效应的来源来看

国际债务资本流动对一国经济的影响依赖于对利率的影响，一国的宏观经济政策，尤其是债务水平，会对利率和资本流动产生影响，国际债务资本流动对经济增长的门槛效应与一国的国内债务水平相关。

国际股权资本流动是对一国金融市场功能的强化，受市场体系的完善与否以及制度质量的影响，在高制度质量的情况下，国际股权资本流入能够促进一国经济增长，从而产生门槛效应。

三、从国内的初始条件来看

一国的金融发展和宏观经济政策对国际债务资本流动的经济增长效应有重要影响；一国的金融发展和制度质量状况对国际股权资本流动的经济增长效应有重要影响。

由于国际债务资本流动和国际股权资本流动的影响机制不同，根据一国初始条件的不同，我们可以判断国际债务资本和国际股权资本开放的先后顺序。假设一国债券市场规模较大、流动性紧张、中央财政平衡，但是金融市场的法律还不是很健全，就应该开放国际债务资本流动；若是一国不存在流动性紧张的问题，但信贷需求较高，金融市场的法律正在健全，对股东权益保护的法律比较健全，此时就应该开放股权资本流动。

第五节　本章小结

本章首先介绍了公司融资和金融结构的有关内容，提出债务资本和股权资本在多个方面存在差异，国际资本流动并没有消除这种差异，并在某些方面强化了这些特征。其次建立了理论模型，采用对比分析的方法分别阐述了国际债务资本和国际股权资本对一国经济增长的影响机制。为了分析国际资本流动对一国经济增长的多种影响机制，本书在模型分析中引入金融部门，得出不同形式的国际资本对一国经济增长的不同效应。

国际债务资本流入为一国的经济增长提供了流动性支持；国际股权资本流动直接介入企业的投融资活动，股权资本流入可以增加一国的信贷供给，缓解信贷需求，并不直接对流动性产生冲击。

国际债务资本流动通过对利率的影响进而影响到国内经济，国内的债务水平制约着国际债务资本流动对经济增长的效应；国际股权资本流动直接介入一国企业的投融资过程，是对一国金融市场功能的强化，且一国的制度质量制约着国际股权资本流动的效应。

最终，本书认为，国际债务资本流动和国际股权资本流动对国内经济的影响机制是不同的，对一国的初始条件的要求也是不同的。

第五章 资本账户开放的初始条件的国际经验

——门槛效应实证分析

第四章是对资本账户开放的初始条件的理论分析，本章进行实证分析。资本账户开放需要考虑一系列国内初始条件，本章采用实证分析的方法来检验理论分析的有效性。本章通过收集数据，采用门槛回归的实证分析方法检验了前一章中的结论，并在此基础上进行进一步的分析。

第一节 实证模型设立和数据描述与检验

一、实证模型设立

根据前文的描述，资本账户开放的门槛变量可关注的指标有两点：一是本国的债务水平，包括私人债务和公共债务，私人债务通过私人信贷占GDP的比重来表示，公共债务通过政府支出占GDP的比重来表示；二是制度因素，包括金融市场发展和制度质量，金融市场规模的扩大也可以认为是保护投资者的法律制度完善的结果，通过金融市场的年交易规模占GDP的比重来表示，制度质量通过世界银行数据库的WGI指数来表示。

本书使用Hansen（1999，2000）[1]和Wang（2015）[2]的门槛回归模型，通过各国面板数据考察初始条件的门槛效应，克服了线性模型解释能力不

---

[1] Hansen B E. Threshold effects in non-dynamic panels: Estimation, testing, and inference[J].Journal of Econometrics, 1999, 93(2):345-368; Hansen B E. Sample splitting and threshold estimation[J]. Econometrica, 2000, 68(3):575–603.

[2] Wang Q Y. Fixed effect panel threshold model using stata[J]. Stata Journal, 2015(1): 121-134.

强的弱点。

本节通过实证分析资本账户开放对经济增长的效应，根据前文分析建立如下实证模型：

$$GDP_{it} = \lambda_0 + \lambda_1 capflow \times 1(q \leqslant \gamma) + \lambda_2 capflow \times 1(q > \gamma) + \lambda_3 X_{it} + \varepsilon_{it} \quad （5-1）$$

其中，GDP 为因变量，代表某国在一定时期的经济增长率；$capflow$ 代表一国国际资本流动状况，本书采用事实开放指标来代表资本流动的开放程度；$1(\cdot)$ 为示性函数，即括号中的表达式为真，则取值为 1；反之，取值为 0。q 为门槛变量；γ 为具体的门槛值。当 $\lambda_1 \neq \lambda_2$ 时，表明在不同初始条件下，资本账户开放对经济增长的效应不同。

参考 Barro（2003）、Garita 和 Zhou（2009）的研究，经济增长模型的因变量采用人均 GDP 的增长率作为经济增长率指标。X 为控制变量，经济增长与一国的初始人均 GDP、人口增长率相关，因此控制变量包括初始人均 GDP、人口增长率、预期寿命和投资率，这些变量来源于世界银行数据库。ε 为随机扰动项。

二、数据描述与检验

门槛回归模型的参数估计和检验与一般回归模型有较大区别，关键是估计门槛值和检验门槛效应是否存在。根据 Hansen（1999）的回归模型，通过固定效应转换消除个体的固定效应，再得到解释变量系数。

固定面板门槛效应需要平衡面板数据，通过操作后，本书使用1996~2010 年的数据，每个变量包含 1050 个观察值，共 50 个国家[①]。

表 5-1 显示了数据的特征，包括平均值、最小值、最大值，以及资料来源。本书实证分析被解释变量为经济增长率，采用人均 GDP 的增长率来表示，最低的为负增长，为 −28.10%，最大值 38.20%。解释变量为资本账户开放以及各个子项目的开放程度。门槛变量包括私人信贷 /GDP、金融市场、制度质量以及政府支出占 GDP 的比重四个指标。其中，私人信贷占

---

① 具体样本情况见附录 B。

GDP 的比重实际上表示的是私人信贷的比重，平均值为 35.40%；金融市场指的是金融市场的年交易规模占 GDP 的比重，平均值为 11.13%；制度质量来源于 WGI 指数，是一种法定测度指标，平均值为 –1.94%，表明发展中国家的制度质量水平较低；政府支出占 GDP 的比重的平均值为 13.69%。在第四章已经通过理论模型分析了这些门槛变量对开放型经济增长的相关性，本章进行具体的计量分析。

表 5-1　门槛回归数据描述

变量		观察值	平均值	最小值	最大值	资料来源
	id			1	50	
	year			1990	2010	
被解释变量	经济增长率（%）	1050	4.11	–28.10	38.20	WDI 数据库
解释变量	资本账户开放	1050	154.33	20.08	1201.78	Lane 和 Milesi-Ferretti （2007）
	国际债务资本流动	1050	95.23	8.37	961.28	
	国际股权资本流动	1050	38.86	0.53	300.25	
门槛变量	私人信贷 /GDP（%）	1050	35.40	0.87	165.86	世界银行
	金融市场	1050	11.13	0.00	160.45	世界银行
	制度质量	1050	–1.94	–10.26	7.64	WGI 数据库
	政府支出占 GDP 的比重（%）	1050	13.69	0.00	43.48	WDI 数据库
控制变量	初始人均 GDP（美元）	1050	7.95	6.01	10.01	WDI 数据库
	预期寿命（岁）	1050	65.79	9.08	44.25	
	人口增长率（%）	1050	1.77	–0.82	5.64	
	投资率（投资 /GDP）	1050	3.92	–7.98	30.08	

　　控制变量包括初始人均 GDP、预期寿命、人口增长率和投资率。初始人均 GDP 显示的是通过自然化后处理的数值；人口增长率的平均值为 1.77%；投资率代表的是一国固定资产投资占 GDP 的比重，平均值为 3.92%；预期寿命的平均值为 65.79 岁。

　　表 5-2 显示了不同形式的国际资本流入的相关性，国际股权资本包括短期国际股权资本和长期国际股权资本，两者呈现出正相关的关系。

表5-2 不同形式的资本流入的相关系数

	国际股权资本流入	长期股权资本流入（FDI）	短期股权资本流入	国际债务资本流入
国际股权资本流入	1			
长期股权资本流入	0.9928	1		
短期股权资本流入	0.9574	0.9157	1	
国际债务资本流入	0.419	0.4137	0.4065	1

表5-3 显示了不同形式的国际资本流出的相关性，从表中可以看出，不同形式的资本流出的相关性更强。通过对资本流入和资本流出的相关性进行分析，验证了国际资本流动的顺周期性。

表5-3 不同形式的资本流出的相关系数

	国际股权资本流出	长期股权资本流出（FDI）	短期股权资本流出	国际债务资本流出
国际股权资本流出	1			
长期股权资本流出	0.9920	1		
短期股权资本流出	0.3032	0.1803	1	
国际债务资本流出	0.8869	0.8583	0.4312	1

第二节 资本账户开放的门槛效应

一、模型参数的估计和检验

门槛回归模型的估计和参数检验与一般实证模型相比有较大区别。门槛回归模型的关键问题是估计门槛值和检验门槛效应是否存在。根据Hansen（1999）的回归模型。首先，式（5-1）通过固定效应转化消除个体的固定效应，相应的被解释变量 Y 和解释变量 X 变换为 Y^* 和 X^*，则估计系数 λ 的最小二乘估计可表示为：

$$\hat{\lambda}(\gamma) = \left(X^*(\gamma)' X^*(\gamma) \right)^{-1} X^*(\gamma)' Y^*$$

可得到残差向量 $\widehat{\lambda^*}(\gamma) = Y^* - X^*(\gamma)\hat{\lambda}(\gamma)$，以及残差平方和 $S_1(\gamma) = \widehat{\varepsilon^*}(\gamma)'$

$\widehat{\varepsilon^*}(\gamma) = Y^{*'}\left[I - X^*(\gamma)'\left(X^*(\gamma)'X^*(\gamma)\right)^{-1}X^*(\gamma)'\right]Y^*$。

门槛值 γ 的最小二乘估计值为：$\hat{\gamma} = \mathrm{argmin}S_1(\gamma)$，Hansen（1999）使用网格搜索法（Grid Search）通过求解最小残差平方和得出门槛值的估计，以及解释变量系数的估计 $\hat{\lambda} = \hat{\lambda}(\hat{\gamma})$、残差向量的估计 $\widehat{\varepsilon^*}(\gamma) = \widehat{\varepsilon^*}(\hat{\gamma})$ 和残差方差的估计 $\widehat{\sigma^2} = \dfrac{\widehat{\varepsilon^*}'\widehat{\varepsilon^*}}{N(T-1)} = \dfrac{S_1(\hat{\gamma})}{N(T-1)}$。

对式（5-1）而言，门槛效应的原假设和备择假设分别为：$H_0: \lambda_1 = \lambda_2$；$H_1: \lambda_1 \neq \lambda_2$。

在原假设下，$\lambda_1 = \lambda_2$，即不存在门槛效应，模型为线性模型。如果拒绝原假设，则 $\lambda_1 \neq \lambda_2$，表示模型存在门槛效应，在不同区间下系数 λ_1 和系数 λ_2 取值并不相同。由于在原假设条件下无法识别门槛参数，传统的参数检验统计量的大样本并不服从卡方分布，而是受干扰参数影响的非标准分布，Hansen（2000）通过自主抽样法（Bootstrap）模拟了似然比检验统计量近似分布，并证明在原假设成立的情况下，检验统计量的大样本服从均匀分布。令 S_0 为在原假设下的残差平方和，则不存在门槛效应原假设的似然比检验统计量为：$F_1 = \dfrac{S_0 - S_1(\hat{\gamma})}{\widehat{\sigma^2}}$，其中，$\widehat{\sigma^2}$ 代表残差方差的估计值。

上述单重门槛模型可以扩展到多重门槛，相关估计和检验参照 Hansen（2000）的回归模型。

二、资本账户开放的门槛效应回归结果

表 5-4 是初始条件的门槛模型回归结果，从表中可以看出，资本账户开放的经济增长效应存在双门槛。

表 5-4 资本账户开放的初始条件的门槛效应

	面板回归	门槛回归			
	FE	(1)	(2)	(3)	(4)
被解释变量（门槛变量）		私人信贷/GDP	金融市场	制度质量	政府支出占GDP的比重
资本账户开放（低区间）		0.027*** (0.007)	−0.004*** (0.001)	−0.043*** (0.010)	0.028*** (0.010)
资本账户开放（中区间）	−0.004*** (0.001)	0.002 (0.002)	0.070*** (0.008)	0.007** (0.003)	−0.002 (0.002)
资本账户开放（高区间）		−0.005*** (0.001)	0.001 (0.005)	0.004*** (0.001)	−0.006*** (0.001)
初始人均GDP	3.174*** (0.936)	3.675*** (0.938)	3.546*** (0.924)	3.421*** (0.925)	2.849*** (0.937)
人口增长率	0.377 (0.316)	0.344 (0.312)	0.711** (0.307)	0.405 (0.311)	0.373 (0.314)
预期寿命	−0.116 (0.078)	−0.095 (0.077)	−0.086 (0.075)	−0.126 (0.077)	−0.094 (0.078)
投资/GDP	0.063 (0.043)	0.059 (0.043)	0.028 (0.042)	0.045 (0.043)	0.062 (0.043)
_cons	−13.827** (6.355)	−19.671*** (6.519)	−19.225*** (6.379)	−15.177** (6.290)	−12.725** (6.335)
门槛值		4.34 47.87	58.68*** 64.68***	−8.7590* −6.1046*	5.6285 14.3351
单门槛显著性		0.0870	0.0000	0.0040	0.2340
双门槛显著性		0.2940	0.0000	0.0680	0.4690
r^2	0.021	0.045	0.097	0.051	0.036
N	1050	1050	1050	1050	1050

注：* 表示 $p < 0.1$，** 表示 $p < 0.05$，*** 表示 $p < 0.01$。

表 5-4 的第一列是根据面板数据固定效应回归的结果，通过固定效应回归结果来看，资本账户开放对经济增长的效应为负，且在 1% 的水平上显著。从门槛效应回归结果来看，在不同的初始条件下，资本账户开放的效应是不同的。从门槛回归的第（1）列回归结果来看，当私人信贷处于较低水平时，资本账户开放对经济增长的效应为正，即私人信贷/GDP<47.87%；门槛回归的第（2）列表示金融市场发展完善时，资本账户开放对经济增长

具有正效应，具体为金融市场年交易规模 /GDP>58.68%，此结果具有较强的显著性；门槛回归的第（3）列表示，当制度质量处于较高水平时，资本账户开放促进经济增长，即制度质量 >-8.7590；门槛回归的第（4）列表示当政府支出占 GDP 的比重处于较低水平时，资本账户开放能够促进经济增长，即政府支出 /GDP<5.6285%。

从控制变量来看，初始人均 GDP 的提高对经济增长有显著的正向效应，人口增长率和投资率的提高有利于促进经济增长，预期寿命的提高对经济增长有负向效应，但并不显著。

表 5-5 是根据表 5-1 和表 5-4 的结果整理后制作的。

表 5-5　资本账户开放的初始条件评估系统

初始条件		门槛变量范围	资本账户开放的经济增长效应
经济基本面	私人信贷 /GDP	(0.87, 4.34)	强促进效应
		(4.34, 47.87)	促进效应
		(47.87, 165.86)	强抑制效应
	金融市场	（0，58.68）	强抑制效应
		（58.68，64.68）	强促进效应
		（64.68，160.45）	弱促进效应
	制度质量（WGI）	（-10.2637，-8.7590）	强抑制效应
		（-8.7590，-6.1046）	强促进效应
		（-6.1046，7.6400）	强促进效应
	政府支出占 GDP 的比重	（0，5.6285）	强促进效应
		（5.6285，14.3351）	弱抑制效应
		（14.3351，43.4792）	强抑制效应

注：弱促进效应和弱抑制效应指的是回归系数小于 0.001，或者回归系数在 10% 的水平上不显著。

（一）通过智利的国家经验验证门槛结果的有效性

图 5-1 显示了智利的私人信贷水平，当私人信贷 /GDP 的比例小于 47.87% 时，资本账户开发能够促进经济增长，因此智利第一次改革时期，即 1974~1984 年是不符合此项条件的；但是第二次自由化改革时期，即 1985~1996 年是基本符合此项条件的。

图 5-2 显示了智利的金融市场发展水平，根据实证回归结果，当金融发展水平高于 58.68% 时，资本账户开发能够促进经济增长，因此智利的第一次改革（1974~1984 年）符合这种条件，但却以失败告终；第二次改革（1985~1996 年）却不符合这种条件，由此看出金融市场水平对检验资本账户开放的有效性较差。

综上所述，在从金融方面判断一国是否应开放资本账户时，应给予私人信贷/GDP 比重较高的权重。

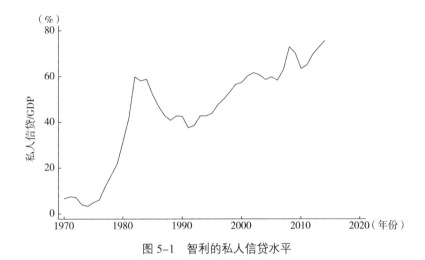

图 5-1　智利的私人信贷水平

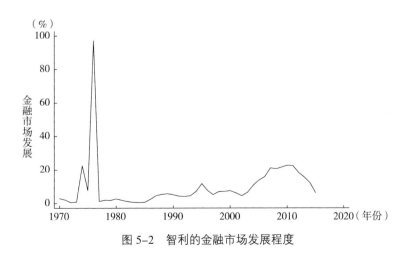

图 5-2　智利的金融市场发展程度

图 5-3 显示了智利的制度质量水平，根据实证回归结果，当制度质量大于 -8.7590 时，资本账户开放能够促进经济增长。从图 5-3 来看，智利的制度质量分为两个明显的阶段，1990 年之前，制度质量基本处于 0 以下，1990 年之后，制度质量逐步提升，基本处于 0 以上。智利第一次自由化改革时期（1974~1984 年），制度质量水平较差，不符合开放条件，自由化改革未取得成功；第二次自由化改革时期（1985~1996 年），制度质量水平较高，此次自由化改革相对成功。对比智利两次自由化改革结果，制度质量的差异是明显的，因此我们判断较高的制度质量是资本账户开放成功的重要因素。

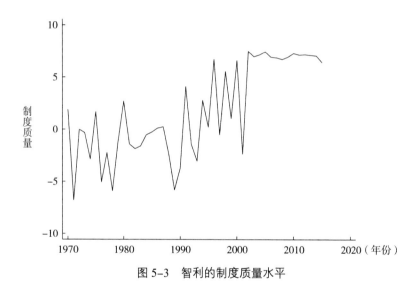

图 5-3　智利的制度质量水平

图 5-4 显示了智利的公共债务水平，根据实证回归结果，当政府支出占 GDP 的比重越小，资本账户开发越能够促进经济增长，智利第一次自由化改革时，从政府支出占 GDP 的比重来看智利完全不符合开放条件；第二次改革时，政府支出占 GDP 的比重符合开放条件，因此政府支出占 GDP 的比重水平对检验发展中国家是否推进资本账户开放有较好的有效性。

综上所述，本书认为，在验证是否达到开放条件时，应对私人信贷/GDP、制度质量水平、政府支出占 GDP 的比重给予较大的关注，将金融市场指标作为参考指标。

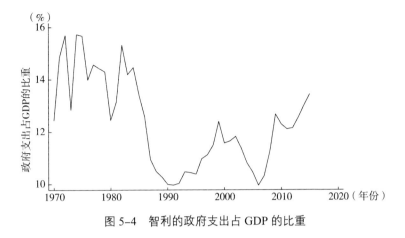

图 5-4 智利的政府支出占 GDP 的比重

（二）发展中国家的经验门槛

图 5-5 显示了发展中国家的私人信贷水平，当私人信贷 /GDP 的比重小于 47.87% 时，资本账户开发能够促进经济增长，因此通过私人信贷水平判断，私人信贷水平有利于大多数发展中国家的资本账户开放进程。

图 5-5 发展中国家的私人信贷水平

注：①笔者通过 Stata 计算发展中国家历年的私人信贷水平的中位数而绘制；②发展中国家的样本见附录 B。

图 5-6 显示了发展中国家的金融市场发展水平，根据实证回归结果，当金融发展水平高于 58.68 时，资本账户开发能够促进经济增长，因此可以通过金融市场水平判断，金融市场水平较低不利于大多数发展中国家的资本账户开放进程。

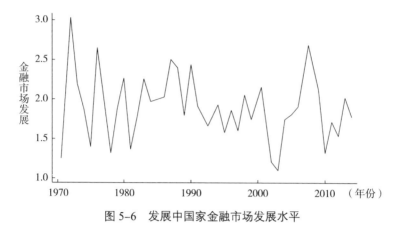

图 5-6　发展中国家金融市场发展水平

注：①笔者通过 Stata 计算发展中国家历年的金融市场发展水平的中位数而绘制；②发展中国家的样本见附录 B。

图 5-7 显示了发展中国家的制度质量水平，根据实证回归结果，当制度质量大于 −8.7590 时，资本账户开发能够促进经济增长，因此我们通过制度质量水平判断，制度质量有利于大多数发展中国家的资本账户开放进程。

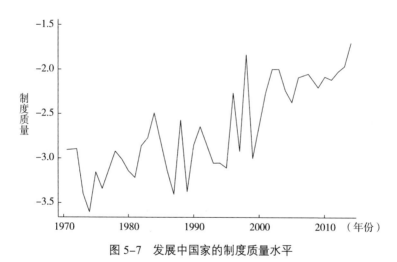

图 5-7　发展中国家的制度质量水平

注：①笔者通过 Stata 计算发展中国家历年的制度质量水平的中位数而绘制；②发展中国家的样本见附录 B。

图 5-8 显示了发展中国家的公共债务水平，根据实证回归结果，当政府支出占 GDP 的比重小于 5.6285% 时，资本账户开发能够促进经济增长，

因此我们通过公共债务水平判断，公共债务不利于大多数发展中国家的资本账户开放进程。

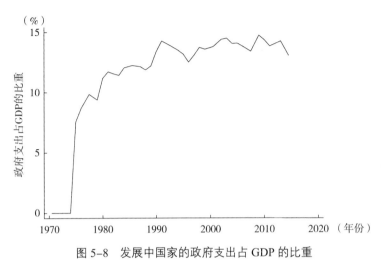

图 5-8 发展中国家的政府支出占 GDP 的比重

注：①笔者通过 Stata 计算发展中国家历年的政府支出占 GDP 的比重的中位数而绘制；②发展中国家的样本见附录 B。

综上所述，只有私人信贷和制度质量水平达到了有利于促进发展中国家资本账户开放的水平，其余指标不利于大多数发展中国家的资本账户开放。

第三节 国际债务资本流动和国际股权资本流动的 门槛效应实证分析

资本流动开放的子项目主要是国际债务资本流动项目、国际股权资本流动项目、衍生品项目。由于衍生品交易的开放需要较高的条件，衍生品的资本流入容易扰乱国内市场，且衍生品项目的开放不仅需要发达的金融体系，还需要一批高素质的从业人员，以及完善的监管体系，在除英美之外的金融市场外大多不存在这样的条件，因此本节暂不讨论衍生品项目。

首先，将每个子项目的指标当作资本账户开放的代理指标进行门槛回归，得到初始条件的门槛值，得出在特定范围内子项目的开放可以促进经济增长的结论。其次，根据每个国家的各个指标的大小，确定开放的子项目，如果所有的指标显示可以开放某个子项目，则可以优先开放这个项目；若大部分指标显示某子项目开放可以促进经济增长，则可以在衡量风险或者采取一定的措施规避风险之后选择开放；如果仅少部分指标支持某个子项目开放，表明开放这个子项目有重大风险，应选择暂不开放，等待本国的初始条件合格之后再选择是否开放。

本节从实证角度分析资本账户开放的路径，通过建立初始条件和资本账户子项目开放门槛模型，得到不同子项目开放的初始条件和门槛水平。本节分别使用国际债务资本、国际股权资本作为资本账户开放的代理指标，通过实证分析得到经济增长门槛模型。

一、国际债务资本的门槛回归结果

从表 5-6 可以看出，国际债务资本开放的经济增长存在双门槛效应。表 5-6 的第（1）列是根据面板数据固定效应回归的结果，通过固定效应回归结果来看，国际债务资本流动的开放对经济增长的效应为负，且结果在 1% 的水平上显著。在不同初始条件下，国际债务资本流动开放的效应不同。从门槛回归的第（1）列回归结果来看，国际债务资本流动的开放对经济增长的效应为负，但是在私人债务水平较低时的负效应最小，即私人信贷 /GDP<7.29%；门槛回归的第（2）列表示金融市场发展完善时，国际债务资本流动的开放对经济增长具有正效应，具体为金融市场年交易规模 /GDP>57.96%，此结果具有较强的显著性；门槛回归的第（3）列表示，当制度质量处于中间水平时，国际债务资本流动的开放能够促进经济增长，即 –8.7590< 制度质量 <–6.1560；门槛回归的第（4）列表示公共债务水平的提高对国际债务资本流动的开放具有负效应。

从控制变量来看，初始人均 GDP 的提高对经济增长有显著的正向效应，人口增长率和投资率的提高有利于促进经济增长，预期寿命的提高对经济增长有负向效应，但并不显著。

表 5-6 国际债务资本开放的初始条件的门槛回归结果

	面板回归	门槛回归			
	FE	(1)	(2)	(3)	(4)
被解释变量 （门槛变量）		私人信贷／ GDP	金融市场	制度质量	政府支出占 GDP 的比重
债务资本流动 （低区间）		−0.003 (0.009)	−0.006*** (0.002)	−0.057*** (0.012)	−0.005** (0.002)
债务资本流动 （中区间）	−0.005*** (0.002)	−0.078*** (0.015)	0.078*** (0.009)	0.007 (0.004)	−0.015*** (0.003)
债务资本流动 （高区间）		−0.004*** (0.002)	0.010 (0.011)	0.005*** (0.002)	−0.003 (0.002)
初始人均 GDP	2.829*** (0.932)	2.703*** (0.923)	3.243*** (0.908)	2.969*** (0.920)	2.620*** (0.929)
人口增长率	0.421 (0.315)	0.398 (0.311)	0.791*** (0.306)	0.451 (0.311)	0.453 (0.314)
预期寿命	−0.129* (0.078)	−0.121 (0.077)	−0.104 (0.075)	−0.133* (0.077)	−0.123 (0.077)
投资／GDP	0.062 (0.043)	0.050 (0.043)	0.020 (0.042)	0.042 (0.043)	0.057 (0.043)
_cons	−10.467* (6.326)	−9.844 (6.306)	−15.866** (6.257)	−11.306* (6.273)	−9.063 (6.306)
门槛值		7.2900** 7.5500**	57.96*** 64.68***	−8.759 −6.156	15.6330 18.4679
单门槛显著性		0.3410	0.0000	0.0050	0.7030
双门槛显著性		0.0140	0.0020	0.3030	0.2130
r^2	0.019	0.046	0.098	0.047	0.031
N	1050	1050	1050	1050	1050

注：* 表示 $p < 0.1$，** 表示 $p < 0.05$，*** 表示 $p < 0.01$。

表 5-7 是根据表 5-6 的结果整理后制作的。

表 5-7 国际债务资本流动的初始条件评估系统

初始条件		门槛变量范围	国际债务资本流动的经济增长效应
经济基 本面	私人信贷／GDP	（0.87, 7.29）	弱抑制效应

续表

初始条件		门槛变量范围	国际债务资本流动的经济增长效应
经济基本面	私人信贷/GDP	（7.29，7.55）	强抑制效应
		（7.55，165.86）	强抑制效应
	金融市场	（0，57.96）	强抑制效应
		（57.96，64.68）	强促进效应
		（64.68，160.45）	弱促进效应
	制度质量（WGI）	（−10.2637，−8.7590）	强抑制效应
		（−8.7590，−6.156）	强促进效应
		（−6.156，7.6778）	强促进效应
	政府支出占GDP的比重	（0，15.6330）	强抑制效应
		（15.6330，18.4679）	强抑制效应
		（18.4679，43.4792）	弱抑制效应

按照和本章第二节同样的方法，本书认为私人债务、金融市场、制度质量和政府支出占GDP的比重不利于促进发展中国家的资本账户开放进程。

二、国际股权资本的门槛回归结果

从表5-8可以看出，国际股权资本开放的经济增长存在双门槛效应。表5-8的第（1）列是根据面板数据固定效应回归的结果，通过固定效应回归结果来看，国际股权资本的开放对经济增长的效应为负，且结果在1%的水平上显著。在不同的初始条件下，国际股权资本流动的效应不同。从门槛回归的第（1）列回归结果来看，国际股权资本的开放对经济增长的效应为负，但是在私人债务水平较低时的负效应最小，即私人信贷/GDP<12.55%；门槛回归的第（2）列表示金融市场发展完善时，国际股权资本的开放的负效应是最小的，具体为金融市场年交易规模/GDP>1.30%，此结果具有较强的显著性；门槛回归的第（3）列表示，当制度质量大于−6.4869时，国际股权资本的开放能够促进经济增长；门槛回归的第（4）列表示公共债务水平较低时，国际股权资本的开放对经济增长具有正效应，即政府支出占GDP的比重<5.6285%。

从控制变量来看，初始人均 GDP 的提高对经济增长有显著的正向效应，人口增长率和投资率的提高有利于促进经济增长，预期寿命的提高对经济增长有负向效应，但并不显著。

表 5-8　国际股权资本流动的初始条件的门槛回归结果

	面板回归	门槛回归			
	FE	(1)	(2)	(3)	(4)
被解释变量（门槛变量）		私人信贷 / GDP	金融市场	制度质量	政府支出占 GDP 的比重
国际股权资本流动（低区间）		0.167*** (0.025)	−0.020** (0.009)	−0.039 (0.029)	0.140*** (0.029)
国际股权资本流动（中区间）	−0.016*** (0.005)	0.037** (0.018)	−0.040*** (0.008)	0.089*** (0.017)	−0.008 (0.005)
国际股权资本流动（高区间）		−0.021*** (0.005)	−0.012** (0.005)	0.017*** (0.005)	−0.038*** (0.007)
初始人均 GDP	3.693*** (0.967)	3.714*** (0.942)	3.440*** (0.965)	3.561*** (0.948)	2.853*** (0.955)
人口增长率	0.321 (0.317)	0.150 (0.310)	0.306 (0.315)	0.225 (0.311)	0.225 (0.311)
预期寿命	−0.080 (0.079)	−0.051 (0.077)	−0.074 (0.079)	−0.077 (0.077)	−0.030 (0.078)
投资 /GDP	0.069 (0.043)	0.080* (0.042)	0.062 (0.043)	0.066 (0.042)	0.057 (0.042)
_cons	−20.177*** (6.891)	−22.213*** (6.733)	−18.425*** (6.894)	−19.286*** (6.754)	−16.580** (6.763)
门槛值		4.34 12.55	0.52 1.30	−8.2933** −6.4869**	5.6285*** 15.5510***
单门槛显著性		0.0000	0.1240	0.0000	0.0060
双门槛显著性		0.1750	0.5620	0.0290	0.0100
r^2	0.022	0.075	0.036	0.065	0.066
N	1050	1050	1050	1050	1050

注：* 表示 $p < 0.1$，** 表示 $p < 0.05$，*** 表示 $p < 0.01$。

表 5-9 是根据表 5-8 的结果整理后制作的。

表 5-9　国际股权资本流动的初始条件的评估系统

初始条件		门槛变量范围	国际股权资本流动的经济增长效应
经济基本面	私人信贷/GDP	(0.87, 4.34)	强促进效应
		(4.34, 12.55)	强促进效应
		(12.55, 165.86)	强抑制效应
	金融市场	(0, 0.52)	强抑制效应
		(0.52, 1.30)	强抑制效应
		(1.30, 160.45)	强抑制效应
	制度质量（WGI）	(−10.2637, −8.2933)	弱抑制效应
		(−8.2933, −6.4869)	强促进效应
		(−6.4869, 7.6778)	强促进效应
	政府支出占GDP的比重	(0, 5.6285)	强促进效应
		(5.6285, 15.5510)	弱抑制效应
		(15.5510, 43.4792)	强抑制效应

按照本章第二节同样的方法，本书认为信贷水平、金融市场、制度质量和政府支出比重等条件不利于促进目前大多数发展中国家的国际股权投资的开放。

第四节　本章小结

本章根据收集到的数据，使用面板门槛回归分析方法，建立了资本账户开放的初始条件评估系统，不仅分析了资本账户开放总体指标的初始条件，还分析了国际债务资本和国际股权资本的开放条件，以及根据一国的初始条件所处的范围，可以确定开放的项目。同时，本书还认为，资本账户开放不是"刻舟求剑"，不能完全按照国际经验门槛来指导本国的对外开放，而应该根据本国的初始条件采取"相机调整"策略。

第六章 资本账户开放中的
金融风险和应对措施

第四章和第五章分析了资本账户开放的初始条件，但在开放条件符合时也需要一些政策措施来应对可能出现的风险，因此本章分析了开放过程中的应对措施。资本账户开放进程的推进对于提升一国经济的质量具有重要意义，但却容易使一国经济遭受外来冲击，甚至引发金融危机。例如，20世纪90年代频繁爆发的金融危机，使得人们开始关注资本账户开放过程中的应对措施。随着一国经济的外向性增强，宏观经济也应该随之调整。从最初的关于"三元悖论"的讨论，到抵御资本自由流动引起的金融危机和应对措施，已经有大量相关研究文献，但针对不同形式的资本流动采取不同的措施还没有讨论。资本账户开放并不是刻舟求剑，不能完全按照各国的经验教训来推动本国的改革，应该在评估本国条件的基础上对开放进行"相机调整"。

第一节 资本账户开放的核心问题

一、企业效率效益和经济自主权

各国的经济自由化改革多是在经济遇到困境的情况下推动的，将经济自由化改革作为经济进一步发展的重要措施，但忽视了对外开放过程中提高微观经济主体的适应性和效率。企业是现代经济的主体，只有提高企业的经济效率和经济效益，才是在对外开放中增强风险抵御能力的根本。无论是开放中引入国外资本，还是改革国内的经济体制，最终都体现为企业的效益和效率问题。

经济自由化改革的立足点应是建立市场经济体制，提高企业效率和企业效益、促进竞争、提高全要素生产率、提高经济增长的质量。市场经济制度的确立和对外开放的步伐应在一定程度上与国内的企业改制和金融深化进程保持一致，不应过急过快。虽然外国资本流入可以促进市场竞争、提高企业积极性，且公司制度的引入促进了本国企业的管理创新，但完全私有化并不是促进企业转好的途径，外资控制本国的经济命脉更会导致宏观经济政策难以执行，经济波动性提高。

微观层面上的经济自主权对于一国抵御国际资本流动的冲击具有重要作用，例如，墨西哥就在经济自由化改革中丧失了自主权，进而导致在微观层面上难以抵御国际资本流动的冲击。1989~1992年，墨西哥推动了"世界最大的私有化计划之一"，涉及制造业、矿业、码头、农业、银行业、交通运输业和旅游业等部门，甚至包括一些公路、港口和码头等基础设施的管理权利。同时，修改外资法，放松了对外资的限制。1989年5月，墨西哥规定除石油、电力、铁路和货币制造等具有战略意义的部门外，外资股权可达100%，外资在利润汇出和撤资方面也没有什么限制。如此宽松的条件导致在墨西哥经济形势出现问题时，外资退出加剧了其经济的进一步动荡。

二、企业竞争力和债务问题

按照金融自由化理论来看，首先，发展中国家普遍为"二元经济"，且效率低下的农业经济占比较大，导致国内市场狭小、企业经营困难；其次，发展中国家普遍存在金融抑制，企业的融资需求难以缓解；最后，市场制度尚未确立，价格机制难以发挥作用，要素价格难以得到正确反映，劳动和生产要素价格也处于抑制状态，因此工资处于低水平状态，限制了个人的消费能力，降低了国内需求。导致国内的企业常年处于亏损状态，只有依靠政府支持才能维持经营，企业的竞争力不足。因此，开放之初企业倾向于寻求国外市场，当国外市场的需求降低时，企业的经营便遇到困难，在国外资本流动的冲击下，容易发生危机。

企业债务问题同样会对资本账户开放产生影响。1985~1996 年，尽管泰国的预算法对年度财政开支进行了严格的限制，有效阻止了财政赤字的形成，但忽视了国内企业的高负债率。政府对银行的隐性担保、较低的国际金融市场融资成本，以及较高的国内存贷利差，造成了国内金融机构大量举借外债，并将之投向于高风险项目；与此同时，国内企业高负债率，推动企业向银行再次贷款和对投资风险无所顾忌的"道德风险"，由此泰国的金融开放所吸引的大量外国短期资本基本流向了房地产、股票市场，掀起了巨大的经济泡沫。当泰国国内的经济泡沫破裂之后，外国投资者对泰国的经济和货币失去信心，资本大量外流，导致泰铢大幅贬值。

因此，在对外开放中，企业的负债问题和稳健经营是各国容易忽视的问题。不仅应该对金融机构的资产负债问题进行监管，对重要的大企业审慎经营也应给予关注。因为大企业的负债问题不仅会导致金融机构的坏账和不良资产，并且大企业的"大而不能倒"还会导致企业经营的"道德风险"，盲目扩大投资范围。

三、企业与金融机构的密切联系

欧美国家的企业发展历史悠久、竞争力强，大多使用内部融资进行项目投资。发展中国家的企业竞争力较弱、内部资金不足，与金融机构的关系密切，主要原因有两点：一是企业设立之初便与政府和金融机构有较强的联系；二是政府对企业的保护和干预，使得企业竞争力弱，因此企业的现金状况不佳。企业和金融结构的联系加深，使得发展中国家经济的周期波动幅度加大。

因此，针对发展中国家的资本流动的监测，仅对金融机构进行监测和审慎监管可能是不足的，也应关注大型企业，因为大型企业通常和国内的金融机构存在密切的联系。当 FDI 清盘流出时，会对一国的行业产生较大的冲击并影响到金融机构，这也是不少发展中国家在产业升级时容易受到国际资本流动冲击的原因。

第二节 资本账户开放对金融风险的影响——实证分析

资本账户开放已经成为一国实施金融改革、推动经济发展的重要举措。但资本账户开放是一把双刃剑，在为开放国家带来重要发展机遇的同时，也伴随着金融风险的加剧。本节通过实证分析来研究资本账户开放和一国金融风险的关系。

一、建立模型

$$fin\_risk_{it} = \beta_0 + \beta_1 \times cap.flow_{it} + \beta_2 \times X_{it} + \varepsilon_{it} \qquad （6-1）$$

式中，i 和 t 分别代表样本国家和时间；fin_risk 为因变量，代表某国在一定时期的国家金融风险；$cap.flow$ 表示一国资本账户的资本流动；ε_{it} 表示随机扰动项。本书采用事实开放指标来代表资本流动的开放程度。

1. 因变量——国家金融风险

本书中国家金融风险使用的代理指标是政治风险服务机构（The Political Risk Services, PRS）提出的 ICRG 指数（International Country Risk Guide）中的金融风险指标。该指标一般用于表示一国的对外偿债能力，也是 IMF、世界银行等国际组织推荐并使用的衡量一国宏观金融风险的评级指标。该指标有 5 个评价部分，包括外债占 GDP 的比重、外债占产品和服务出口额的比重、经常项目占产品和服务出口的比重、净国际偿付能力占月度进口额的比重，以及汇率稳定性。ICRG 的金融风险指标的范围为 0~50，指数的数值与该国的国家金融风险成反比，指数越高表明该国的国家金融风险越低，反之则越高。当 β_1 为正数时，表明资本账户开放提高了一国的金融稳定程度，降低了国家金融风险；当 β_1 为负数时，表明资本账户开放提高了国家金融风险，不利于一国的金融稳定。

2. 自变量——资本账户开放

有很多指标可以对资本账户开放程度进行衡量，主要分为法定开放和事实开放，本书用事实开放表示资本账户开放程度，因为事实开放能更好地表示一国的资本流动程度。本书用一国资本流动的存量规模占 GDP 的比重来表示资本账户开放的程度。

3. 控制变量

控制变量数据来自世界银行的 WDI 数据库。控制变量包括初始人均 GDP、人口增长率、预期寿命和投资率。其中，初始人均 GDP 是通过自然化后处理的数值；投资率是一国固定资产投资占 GDP 的比重。

二、数据描述

本书的样本包括 87 个发展中国家[①]。表 6-1 从观察值、均值、最大值、最小值等方面描述了实证数据。

表 6-1　数据描述

变量		观察值	均值	最小值	最大值	资料来源
	year		1998	1984	2012	
因变量	国家金融风险	1544	35.85683	6	49	IRCG
自变量	资本账户开放	2220	157.1683	15.17944	1201.778	Lane&Milesi-Ferretti 构造的数据库
	国际股权资本流动	2196	32.17738	0	300.2482	
	国际债务资本流动	2221	109.2838	8.370228	961.2836	
控制变量	初始人均 GDP	2344	7.861081	4.870888	11.46061	WDI 数据库
	人口增长率（%）	2494	1.859466	−5.81434	17.6248	
	预期寿命（岁）	2465	64.74765	35.7014	81.3976	
	投资率（%）	2322	4.070338	−7.977849	34.21283	

本节实证分析的被解释变量为国家金融风险，最小值为 6，最大值为 49。解释变量为资本账户以及各个子项目的开放程度。当影响系数为正数时，表明资本账户开放提高了一国的金融稳定程度，降低了国家金融风险；反之则表明资本账户开放提高了国家金融风险，不利于一国的金融稳定。

控制变量包括初始人均 GDP、人口增长率、预期寿命和投资率。初始

---

① 具体样本见附录 C。

人均 GDP 是通过自然化后处理的数值；人口增长率的平均值为 1.86%；投资率显示的是一国固定资产投资占 GDP 的比重，平均值为 4.04%；预期寿命的平均值为 65.74 岁。

三、实证结果分析

表 6-2 显示了资本账户开放对国家金融风险的效应，因变量是国家金融风险，自变量是资本账户开放，以及资本流入的开放和资本流出的开放，模型（1）和模型（2）是资本账户总体开放程度对国家金融风险的效应，模型（3）和模型（4）是资本流入的开放对国家金融风险的效应，模型（5）和模型（6）是资本流出的开放对国家金融风险的效应。

表 6-2　资本账户开放对国家金融风险的实证分析结果

	(1)	(2)	(3)	(4)	(5)	(6)
	fin_risk	fin_risk	fin_risk	fin_risk	fin_risk	fin_risk
	总体开放	总体开放	资本流入	资本流入	资本流出	资本流出
资本账户开放	-0.009^{***} (0.001)	-0.009^{***} (0.001)	-0.022^{***} (0.002)	-0.021^{***} (0.002)	-0.007^{***} (0.002)	-0.007^{***} (0.002)
初始人均 GDP	7.611^{***} (0.545)	7.573^{***} (0.546)	7.505^{***} (0.529)	7.483^{***} (0.530)	7.322^{***} (0.560)	7.265^{***} (0.560)
人口增长率	-0.721^{***} (0.126)	-0.748^{***} (0.128)	-0.691^{***} (0.122)	-0.704^{***} (0.125)	-0.690^{***} (0.128)	-0.725^{***} (0.131)
预期寿命	0.661^{***} (0.043)	0.659^{***} (0.043)	0.644^{***} (0.042)	0.643^{***} (0.042)	0.662^{***} (0.044)	0.659^{***} (0.044)
投资率		0.039 (0.032)		0.025 (0.031)		0.059^{*} (0.032)
_cons	-65.672^{***} (3.594)	-65.351^{***} (3.601)	-63.198^{***} (3.484)	-63.028^{***} (3.490)	-64.476^{***} (3.728)	-63.992^{***} (3.734)
r^2	0.454	0.454	0.478	0.478	0.431	0.432
N	1418	1417	1418	1417	1418	1417

注：* 表示 $p < 0.1$，** 表示 $p < 0.05$，*** 表示 $p < 0.01$。

从资本账户开放的负效应来看，无论是资本流入，还是资本流出，都提高了发展中国家的金融风险，且在 1% 的水平上显著。这表明，资本账户开放通过信贷扩张、宏观经济波动、货币危机、提高外债负担等方面提高了发展中国家的金融风险。

从控制变量来看，初始人均GDP和预期寿命，有利于降低国家金融风险，且效应是显著的，投资率也有利于降低国家金融风险，但不显著。

表6-3显示了国际债务资本的开放对国家金融风险的效应，因变量是国家金融风险，自变量是国际债务资本的开放，以及债务资本流入的开放和债务资本流出的开放，模型（1）和（2）是国际债务资本的开放对国家金融风险的效应，模型（3）和模型（4）是债务资本流入的开放对国家金融风险的效应，模型（5）和模型（6）是债务资本流出的开放对国家金融风险的效应。

表6-3 国际债务资本的开放对国家金融风险的效应

	(1)	(2)	(3)	(4)	(5)	(6)
	fin_risk	fin_risk	fin_risk	fin_risk	fin_risk	fin_risk
	国际债务资本	国际债务资本	国际债务资本流入	国际债务资本流入	国际债务资本流出	国际债务资本流出
资本流动	−0.014*** (0.001)	−0.014*** (0.001)	−0.028*** (0.002)	−0.028*** (0.002)	−0.017*** (0.003)	−0.017*** (0.003)
初始人均GDP	7.355*** (0.533)	7.328*** (0.534)	7.082*** (0.523)	7.062*** (0.524)	7.423*** (0.548)	7.383*** (0.549)
人口增长率	−0.711*** (0.124)	−0.734*** (0.126)	−0.681*** (0.122)	−0.695*** (0.124)	−0.707*** (0.127)	−0.738*** (0.129)
预期寿命	0.633*** (0.042)	0.632*** (0.042)	0.599*** (0.042)	0.598*** (0.042)	0.662*** (0.043)	0.660*** (0.043)
投资率		0.032 (0.031)		0.028 (0.031)		0.043 (0.032)
_cons	−61.934*** (3.514)	−61.717*** (3.518)	−57.092*** (3.476)	−56.959*** (3.479)	−65.094*** (3.628)	−64.740*** (3.635)
r^2	0.468	0.469	0.486	0.486	0.444	0.445
N	1418	1417	1418	1417	1418	1417

注：* 表示 $p < 0.1$，** 表示 $p < 0.05$，*** 表示 $p < 0.01$。

从国际债务资本的开放的负效应来看，无论是国际债务资本流入，还是国际债务资本流出，都提高了发展中国家的国家金融风险，且在1%的水平上显著，这表明，国际债务资本通过信贷扩张、宏观经济波动、货币危机、提高外债负担等方面提高了发展中国家的金融风险。

从控制变量来看，初始人均 GDP 和预期寿命，有利于降低国家金融风险，且效应是显著的，投资率也有利于降低国家金融风险，但不显著。

表 6-4 显示了国际股权资本的开放对国家金融风险的效应，因变量是国家金融风险，自变量是国际股权资本的开放，以及股权资本流入的开放和股权资本流出的开放，模型（1）和模型（2）是国际股权资本的开放对国家金融风险的效应，模型（3）和模型（4）是股权资本流入的开放对国家金融风险的效应，模型（5）和模型（6）是股权资本流出的开放对国家金融风险的效应。

表 6-4　国际股权资本的开放对国家金融风险的效应

	(1)	(2)	(3)	(4)	(5)	(6)
	fin_risk	fin_risk	fin_risk	fin_risk	fin_risk	fin_risk
	国际股权资本	国际股权资本	国际股权资本流入	国际股权资本流入	国际股权资本流出	国际股权资本流出
资本流动	−0.017*** (0.004)	−0.016*** (0.004)	−0.022*** (0.006)	−0.021*** (0.006)	−0.017 (0.010)	−0.016 (0.010)
初始人均 GDP	7.755*** (0.569)	7.689*** (0.570)	7.671*** (0.561)	7.610*** (0.562)	7.187*** (0.569)	7.130*** (0.570)
人口增长率	−0.626*** (0.128)	−0.660*** (0.130)	−0.636*** (0.127)	−0.665*** (0.130)	−0.645*** (0.129)	−0.684*** (0.131)
预期寿命	0.644*** (0.045)	0.640*** (0.045)	0.653*** (0.045)	0.649*** (0.045)	0.652*** (0.044)	0.649*** (0.044)
投资率		0.060* (0.032)		0.059* (0.032)		0.067** (0.032)
_cons	−66.674*** (3.890)	−66.051*** (3.901)	−66.558*** (3.835)	−65.961*** (3.844)	−63.147*** (3.793)	−62.671*** (3.795)
r^2	0.423	0.425	0.427	0.428	0.424	0.426
N	1405	1404	1414	1413	1409	1408

注：* 表示 $p<0.1$，** 表示 $p<0.05$，*** 表示 $p<0.01$。

从国际股权资本的开放的负效应来看，无论是国际股权资本流入，还是国际股权资本流出，都提高了发展中国家的国家金融风险，且在 1% 的水平上显著。这表明，国际股权资本流动通过提高宏观经济波动、货币危机等方面提高了发展中国家的金融风险。

从控制变量来看，初始人均 GDP 和预期寿命，有利于降低国家金融风险，且效应是显著的，投资率也有利于降低国家金融风险，但不显著。

第三节　资本账户开放的应对措施

资本账户开放是发展中国家从封闭型经济体制转向开放型经济体制的重要步骤之一，资本自由流动有利于国际资本的有效分配，对发展中国家来说，资本账户开放伴随着金融风险的加剧，发展中国家在资本账户开放过程中可能会频繁发生金融危机。

发展中国家固有的观念不利于发挥资本账户开放的积极效应，因此消除这些观念是资本账户开放发挥积极效应的重要前提条件，也是降低资本账户开放风险的重要措施。从发展中国家的经验来看，具体措施包括汇率制度改革、利率市场化改革、货币政策调整和提高外汇储备等方面，调整一国的宏观经济政策在不断开放的经济体制中是必要的。

资本账户开放会提高一国的金融风险，但可以通过宏观经济政策调整来应对开放中的风险。根据三元悖论，一国应该在资本自由流动、汇率稳定、独立的货币政策之间进行选择，同时积累一定量的外汇储备用于维持汇率稳定。本节通过梳理发展中国家开放过程中的宏观经济政策组合来分析。

（一）智利不同时期的宏观经济政策组合

智利的经济自由化改革经历了 20 余年，1974~1984 年，智利进行了第一次经济自由化改革，但以失败告终；第二次改革是从 1985 年开始的，取得了一定的成功。图 6-1 显示了智利的三元政策组合，主要分为三个时期，分别对应 1974~1984 年（智利第一次自由化改革）、1985~1996 年（智利第二次对外开放）、1997 年至今。

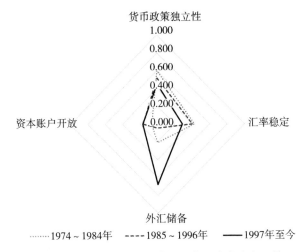

图 6-1　智利的宏观经济政策组合和资本账户开放

注：①具体的数值采用的是每个时期的平均值；②货币政策独立性、汇率稳定、外汇储备、资本账户开放的数值位于（0，1），数值越大表明货币独立性越强、汇率机制越僵化、外汇储备越多、资本账户越开放。下图同。

资料来源：Joshua Aizenman、Menzie Chinn 和 Hiro Ito 三人构造的三元悖论指数采用了其中的汇率稳定指数，网址：http://web.pdx.edu/~ito/trilemma_indexes.htm。

从图 6-1 可以看出，智利的资本账户开放水平是不断提高的，但近些年开放程度并没有得到大幅度的提高。随着智利开放水平的提高，智利的货币政策独立性减弱，汇率机制更趋灵活，外汇储备不断增加。

在第二次改革之后，智利的汇率制度趋向于灵活，从发展中国家的经验来看，僵化的汇率制度在开放的过程中是不利的。货币政策有国内和国际两个目标，当开放程度提高、汇率制度趋向于浮动汇率时，货币政策应该给予国外目标更多的比重。

第二次自由化改革时，智利的外汇储备比重较低。但是在 1997 年之后，智利的外汇储备增加明显，这表明随着开放水平的进一步提高，应持有一定的外汇储备以抵御风险，这也是亚洲金融危机后发展中国家在宏观经济政策上的重要倾向。

（二）韩国不同时期的宏观经济政策组合

韩国采用综合式改革方法，在逐步推进国内金融自由化改革和汇率体制改革的情况下，逐步推动资本账户开放，取得了一定成就。图 6-2 显示了韩国不同时期的宏观经济政策组合，主要分为三个时期。韩国起初对资本账户开放比较谨慎，20世纪90年代突然选择开放，在一定程度上推动了资本泡沫的形成。金融危机后，韩国加快了资本账户开放的步伐，并取得了较大的效果。虽然韩国的汇率波动幅度较大，但韩国仍维持对汇率积极干预的态度，以促进出口产业的发展。因此，虽然韩国的货币政策的独立性受到限制，但从实施效果上来看，韩国的通货膨胀目标制的货币政策的执行还是比较成功的。

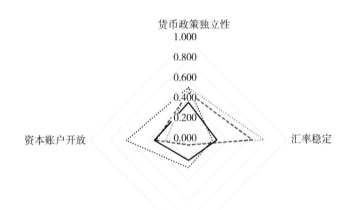

图6-2 韩国的宏观经济政策组合和资本账户开放

注：具体的数值采用的是每个时期的平均值。

资料来源：Joshua Aizenman、Menzie Chinn和Hiro Ito三人构造的三元悖论指数采用了其中的汇率稳定指数，网址：http://web.pdx.edu/~ito/trilemma_indexes.htm。

1. 资本账户开放前（1970~1984年）

韩国的汇率体制比较僵化，金融市场存在着利率控制，货币政策的独立性比较强，外汇储备的比重较低。

此阶段韩国实施较为严格的资本管制措施。由于摆脱殖民地位获得经济独立，韩国初始并不欢迎外商直接投资，而是将资本账户开放的重点放在允许企业获得国际贷款上。20世纪60年代后期，韩国转向出口导向型的经济发展战略，引进外商直接投资，但限制较多。20世纪70年代重点发展重化工业，对外商直接投资进行产业导向。20 世纪 80 年代，韩国开始加快开放的步伐，实行"负面清单"的做法。

1964~1980 年，韩国实行单一盯住美元的汇率政策，从确立单一管理浮动汇率开始，韩元迅速贬值。韩国确定的低估且不断贬值的汇率制度，有利于促进出口型经济的发展。同时，韩国实行控制货币供应量的货币政策。从 20 世纪 80 年代起逐步推进利率自由化改革，但主要的改革措施是 1984 年之后实施的。

2.推动资本账户开放的时期（1985~1996 年）

在这一时期，韩国实施了盯住美元的汇率政策，20 世纪 90 年代美元升值，为了维持高估的汇率，韩国维持了高利率，货币政策的独立性减弱，同时由于汇率高估，出口行业受到冲击，国际收支常年处于逆差。

韩国的资本账户开放在这个阶段取得了很大进展。韩国的资本账户开放从 20 世纪 80 年代开始加快，从 1984 年开始实行"负面清单"，放宽了外商投资的领域。同时，韩国加大对外投资的力度，1993 年 9 月，逐步提高了韩国企业海外投资的上限。在间接金融的开放方面，1990 年，韩国加快了证券市场对外资开放的步伐；1993 年，韩国提出全面金融改革方案，取消了外国金融机构投资韩国股市的数量限制，向外国人开放了证券信托业务和投资顾问业务；1994 年，韩国开放了债券市场；1996 年，韩国有限度地开放银行和证券公司准入和设立限制。总的来说，1997 年金融危机之前，韩国对个人和非金融企业的对外借款还有较严格的限制，但是金融机构对外融资的渠道已经非常顺畅。

此外，韩国此阶段的汇率政策基本上实行盯住一篮子货币向区间浮动转变。从 1980 年开始，韩国实施盯住一篮子货币制度，直至 1997 年亚洲金融危机前，韩国宣布用市场平均汇率代替一篮子货币制度，逐步扩大浮动区间。1996 年下半年，韩币加速贬值。1997 年 11 月，韩国中央银行宣布不再维持韩元兑美元的汇价，韩币加速贬值，超出了波动区间。

韩国的货币政策在此阶段变化加大。1984 年起，利率自由化改革取得了很大的进步。1984 年初步放开贷款利率，1988 年允许银行自行决定利率水平，但是 1989 年由于宏观经济条件恶化，韩国重新实施利率管制。

3. 亚洲金融危机冲击之后（1997 年至今）

1997 年之后，韩国的资本账户开放水平进一步提高，汇率机制更加灵活，外汇储备的比重得到提高，平均数值达到了 GDP 的 20% 以上，货币政策的独立性减弱。

在遭受亚洲金融危机冲击之后，韩国并没有停止开放的步伐。1998 年，韩国开放货币市场，1999~2007 年，逐步推动外汇交易开放计划。在此阶段，韩国提高了开放率，上调了外资股权，简化了外商投资手续，进一步取消了外国投资证券市场的限制。

次贷危机前后，韩国政府在保持开放水平的情况下，引入了宏观审慎措施来应对国际资本大规模流动的冲击，但是监管措施倾向于价格型的监管措施，而不是直接管制措施。

1997 年，在韩国金融危机中，由于韩国政府无法按时偿还对外债务，韩元大幅度贬值，韩国中央银行不得不完全废除汇率的每日波幅限制，韩元走向自由浮动。虽然依旧存在政府干预，但是韩国政府不再过度抑制韩元升值。总的来说，韩币的汇率弹性增强了。次贷危机后，韩国再一次对汇率进行干预，但此时的汇率操作属于正常的应对资本流动冲击的行动。

韩国的货币政策在受到亚洲金融危机冲击后开始发生重大变化，转向了通货膨胀目标制，采用间接工具调控市场。1998~2007 年，韩国货币政策的实施取得了很好的效果。次贷危机爆发后，韩国为应对资本流出造成的流动性匮乏，从 2008 年 9 月到 2009 年 2 月连续下调利率，2010 年为应对资本流入又多次上调利率，这表明，随着浮动汇率制度的实施，韩国货币政策的独立性大大增强。

韩国与智利一样，在资本账户不断开放的状态下，汇率机制趋向于灵活，外汇储备比重提高，有利于抵御风险，同时货币政策的独立性减弱。

（三）泰国不同时期的宏观经济政策组合

泰国经济在亚洲金融危机中受到了重创，因此泰国的资本账户开放进程是反复的，图 6-3 显示了泰国的宏观经济政策变化。

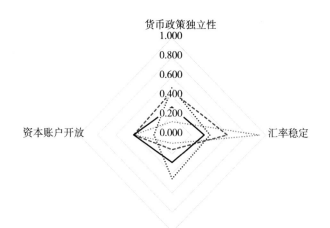

图 6-3　泰国的宏观经济政策组合和资本账户开放

注：具体的数值采用的是每个时期的平均值。

资料来源：Joshua Aizenman、Menzie Chinn 和 Hiro Ito 三人构造的三元悖论指数采用了其中的汇率稳定指数，网址：http://web.pdx.edu/~ito/trilemma_indexes.htm。

　　首先，在第一个时期（1970~1984 年），泰国正处于经济起飞之前的阶段，泰国采取了固定汇率制和资本控制的政策，货币政策受制于经济发展战略，通过维持汇率稳定和资本控制来积累外汇储备。1978 年之前，泰国采取盯住美元的汇率制度，泰铢兑美元固定在 20 铢的水平，1978 年开始实行管理浮动制度，1984 年实行盯住一篮子货币制度，允许波动的范围限制在 0.01% 以下，汇率制度非常不灵活。

　　其次，在第二个时期（1985~1996 年），泰国的宏观政策组合很好地反映了三元悖论的情况，由于国内通胀高企，泰国维持高利率，吸引了大量的套利资金，而泰国较为固定的汇率政策降低了套利资本，使得资本不断回流。当金融危机发生时，资金源源不断地流出，成为促成泰国货币危机的重要原因。

　　在此阶段，泰国的资本账户开放以吸引外资流入为主。1985~1995 年，泰国促进资本流入的政策吸引了大量外资净流入，在此期间，资本流入的构成也发生了变化，初期以直接投资为主，随着曼谷国际银行贷款市场的建立和国内外较大的正利差，短期资本在净流入资本的比重越来越大，

1995 年达到净流入资本总额的 60%。在这一时期，泰国政府积极支持国际资本流入，国际储备处于稳定增长。此时，泰国的汇率体制也逐步灵活，但仍然在连续几年国际收支逆差的情况下，维持盯住美元的汇率政策，这使得泰国的货币政策并不成功。1987~1997 年，泰铢汇率最高时为 1 美元兑 24.5 泰铢，最低为 1 美元兑 26.1 泰铢，总的波动幅度还不到 10%。

在亚洲金融危机之前，泰国实行的是货币量目标制，保持货币增长量与经济增长间的比例关系，实现抑制通胀和经济增长的目标。1987 年开始，货币供应量出现快速增长，在资本账户开放的情况下，国内企业大量借入国外资本，并大量投资于房地产、证券等风险大的部门，泰国央行越来越难以控制国内的信贷扩张。货币供应量增加和信贷扩张导致了通货膨胀的上升，为抑制通胀，泰国央行将政策利率保持在较高的水平上。

综上所述，随着资本账户开放，泰国仍实行相对固定的汇率政策，使得外资大规模流入，泰国的货币供应量和通货膨胀相互促进，催生了经济泡沫，促进了经济危机的发生。

最后，在第三个时期（1997 年至今），汇率机制变得灵活。1997 年 7 月，泰国放弃了盯住汇率制度，实行有管理的浮动汇率制度。这种有管理的浮动汇率制度的实施，能让泰铢更好地反映外汇市场的供求状况。亚洲金融危机后，泰国扩大了汇率波动的范围，使得市场对汇率的影响扩大。

一是国际资本从前一阶段的单向流入变为双向流动，虽然从名义开放水平看开放程度有所下降，但是无论是直接投资、证券投资还是其他投资，都有大量的泰国资本对外流动。随着资本流动规模的增大，对泰国当局的有效的资本流动管理提出了新的挑战。

二是泰国的汇率体制逐步灵活，并增加了外汇储备，以增强抵御国际资本剧烈波动和汇率的能力，也提高了对国内货币政策目标的关注。从 2000 年开始，泰国的货币政策开始采用通货膨胀目标制。在 2004 年之前，货币政策的目标主要是经济恢复，2006 年通过调整利率和外汇干预来应对本币升值压力，但效果不佳。次贷危机之后，泰国的货币政策转变为防止经济衰退，2008~2010 年，泰国连续降息。总的来说，次贷危机之后，泰国央行的货币政策独立性增强，浮动汇率能够增强货币政策的独立性。

综上所述,金融危机前,在资本账户开放进程下无法维持固定汇率,而资本项目不断开放下货币量目标制很难实现。金融危机后次贷危机之前的货币政策对稳定汇率并没有太大的帮助。次贷危机后的货币政策,由于控制了资本流动程度,货币政策的独立性增强。

（四）阿根廷不同时期的宏观经济政策组合

阿根廷的资本账户开放和宏观经济政策有所反复,图6-4显示了阿根廷的宏观经济政策组合。

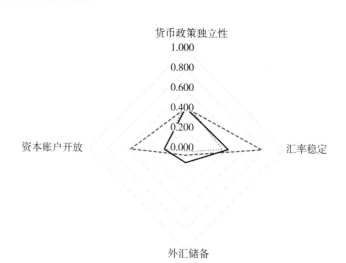

图6-4　阿根廷的宏观经济政策组合和资本账户开放

注：具体的数值采用的是每个时期的平均值。

资料来源：Joshua Aizenman、Menzie Chinn 和 Hiro Ito 三人构造的三元悖论指数采用了其中的汇率稳定指数，网址：http://web.pdx.edu/~ito/trilemma_indexes.htm。

阿根廷在第二个阶段（1989~2001年）实施了激进的、全面的自由化改革，在1989年12月宣布实现资本流动自由化。从图6-4中可以看到，资本账户开放的程度得到了很大程度的提高，但阿根廷实行了僵化的货币局制度，虽然汇率稳定的程度很高，但外汇储备不足，导致无法维持高估的汇率水平。

2001年，阿根廷宣布无法支付中央政府的债务，并实行金融管制，成为阿根廷经济危机的导火索。阿根廷在2002年之后的开放水平倒退到1989

年之前的水平（见图6-4），并放弃了货币局制度，以"双轨制"代替，实行了较为灵活的汇率制度，汇率稳定水平下降。同时，阿根廷提高了外汇储备水平，这有利于维持汇率稳定和增强抵御资本剧烈波动的能力。

从阿根廷的例子看来，国内宏观经济政策的错配会影响到资本账户开放进程。当发生金融危机时，限制资本流动也成为一种有效的措施。

（五）印度尼西亚不同时期的宏观经济政策组合

印度尼西亚（以下简称"印尼"）是东南亚地区最大的国家，早在20世纪60年代就开放了资本账户[①]。图6-5显示了印尼不同时期的宏观经济政策组合。

首先，在第一个时期（1970~1984年），印尼实行保持货币独立性和汇率稳定的政策，并维持资本账户开放，这并不符合三元悖论的政策框架。

印尼1967年的外资政策对引进外资的领域相当开放，但在1970年及之后增加了对外商投资的限制。

在1977年之前，印尼主要采取盯住美元的汇率制度，自1978年起实施管理浮动汇率制度，但汇率制度仍缺乏弹性。1978年的汇率改革之后，通货膨胀始终是印尼政府面临的重大问题，治理通货膨胀是货币政策的主要任务，此阶段印尼的货币政策主要关注国内目标，具有较高的独立性。

其次，在第二个时期（1985~1996年），印尼在完善国内金融体系的基础上，进一步扩大了资本账户开放程度，在牺牲了货币政策独立性的基础上，保持汇率稳定，取得了一定的成功。

这一阶段，印尼的资本账户开放进程较快，1989年实行"负面清单"，共有75个限制行业，1992年又减少至51个。在证券投资方面，印尼于1987年12月准许外国投资者参与印尼的股权投资，交易上市公司和场外市场非上市公司的股份，1988年放宽了外资参与的限制，准许设立合资金融公司、外国证券公司。但在东南亚金融危机时，外资大量减少并且已有项目纷纷撤资，极大地冲击了印尼的国内经济。20世纪80年代开始，印尼的经常账户长期赤字，资本净流入基本维持了印尼的国际收支平衡。

[①] 1967年，印尼颁布了《外国投资法》，允许外国投资者以合资的形式投资于部分行业。

由于印尼常年处于经常账户赤字状态，印尼货币持续贬值，但却没有改变经常账户持续逆差的困境。在此阶段，大量的外国资本流入印尼，造成了国内的货币供应量的迅速增长，通货膨胀上升，政府通过紧缩货币的方式吸收过多的流动性。

从图 6-5 可以看出，1970~1996 年，印尼陷入了三元悖论。虽然印尼实施了管理浮动汇率制度，以保持汇率稳定，但在保持资本账户开放状态下，应该通过货币政策调整来稳定汇率。

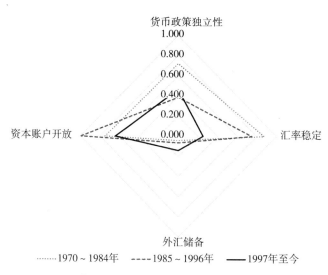

图 6-5　印度尼西亚的宏观经济政策组合和资本账户开放

注：具体的数值采用的是每个时期的平均值。
资料来源：Joshua Aizenman、Menzie Chinn 和 Hiro Ito 三人构造的三元悖论指数采用了其中的汇率稳定指数，网址：http://web.pdx.edu/~ito/trilemma_indexes.htm。

由于印尼的经常账户常年处于逆差状态，印尼非常需要资本流入来维持其国际收支平衡，特别是国家贷款。在允许国际资本流动和汇率稳定的前提下，不断有套利资本流入，增加了市场上的流动性，破坏了印尼央行为降低通货膨胀所做的努力。因此，亚洲金融危机前印尼货币政策独立性被严重削弱了。

最后，在第三个时期（1997 年至今），印尼受到了亚洲金融危机的冲击，最明显的趋势是在特殊时期采取了资本管制的措施，资本账户开放的程度降低。与此相配合的政策是外汇储备的增加。在此阶段，印尼依旧保持放弃货币政策独立性和灵活的汇率制度的选择。亚洲金融危机后，印尼开始吸引外资，再次加大了吸引外商投资的力度，基本上实现对所有行业的开放。但是面对日益复杂的资本流动状况，尤其是次贷危机后，为应对短期资本流入，印尼实施了一系列政策措施，限制短期债券的交易，对银行的净外汇投资实施新的数量限制并实施了一定的结构管理，注重 FDI 资本的流入，限制债券和短期资本的流入，防止国际资本流动对宏观经济的冲击。

印尼采取的资本账户开放先于经常账户的顺序取得了一定的成功，但是这在经常账户盈余存在的情况下比较有效，在 20 世纪 80 年代之后的印尼出现经常账户赤字的情况下，印尼的债务资本流入的资本流动结构成为爆发金融危机的重要原因。

印尼在 1997 年后采取自由浮动汇率制度，之后印尼卢比加速贬值。2001 年后，印尼采取管理浮动汇率制度，以增强央行对外汇的干预，防止汇率的过度波动，相比之前，印尼的汇率制度具有了相当大的灵活性。

为进一步控制通货膨胀，印尼在 2005 年实行通货膨胀目标制。由于对资本流动进行了一定程度的控制，汇率的灵活性也得到增强，在对资本的大规模流动进行了一定管理之后，印尼的货币政策的独立性得到了增强。

（六）发展中国家的宏观政策组合

三元悖论是各国宏观经济政策选择中的一个重要理论依据，涉及一国宏观经济管理中的汇率制度、货币政策独立性和资本账户开放的选择问题。

但是发展中国家的政策实践与三元悖论并非完全一致。从几个发展中国家的经验来看，共同的趋势是：①在推进资本账户开放的同时，随着资本流动规模的增加，僵化的汇率制度受到冲击，但是汇率体制的改革应该是渐进的、逐步的。②为了应对资本大规模流动的冲击，积累一定量的外汇储备是必要的。③通过宏观经济政策变动维持汇率稳定是得不偿失的。

不少发展中国家的宏观经济政策框架并未遵循三元悖论，而是呈现出"中间化"的特征，倾向于在三者或两者间进行组合，中间化的三元悖论框架有助于经济增长和金融稳定，符合发展中国家的国家利益，因此发展中国家在货币政策独立性、汇率稳定和资本账户开放三个关键政策目标上的选择不必严格遵循三元悖论。外汇储备的增长对于发展中国家的经济增长和金融稳定作用显著，具有合理性，能够缓解三元悖论框架的负向作用。

前文分析中认为，发展中国家在 20 世纪 90 年代，以及 21 世纪初至次贷危机前出现过资本账户开放的热潮，但都被全球性的金融危机打断，因此发展中国家的宏观经济政策也呈现出这种反复的特征。图 6-6 显示了发展中国家不同时期的宏观经济政策组合。从图中可以看出，发展中国家资本账户开放水平是逐步提高的，同时发展中国家也在逐步建立灵活的汇率机制，放弃固定汇率制；在汇率体制转变的同时，不断增加外汇储备。经过亚洲金融危机，发展中国家认识到外汇储备对于稳定汇率和应对资本流动的重要性，因此在随后的两个时期（2000 年至今），外汇储备增长迅猛，货币政策则没有显示出一定的趋势。因为货币政策需要通过兼顾国内和国外两个目标，所以货币政策的独立性并没有大的改变。

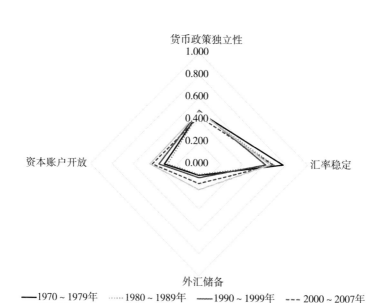

图 6-6　发展中国家的宏观经济政策组合和资本账户开放

注：①具体的数值采用的是每个时期的平均值；②发展中国家的样本见附录 A。

资料来源：Joshua Aizenman、Menzie Chinn 和 Hiro Ito 三人构造的三元悖论指数采用了其中的汇率稳定指数，网址：http://web.pdx.edu/~ito/trilemma_indexes.htm。

第四节　本章小结

　　本章从微观和宏观两个方面分析了资本账户开放过程中的应对措施。根据前文分析，国际债务资本和国际股权资本应采取不同的措施，更应该增强微观企业的国际竞争力，以及本国对大规模国际资本流动的抵御能力。企业是现代经济的主体，金融企业是现代经济的核心，资本账户开放过程中应确立以提高企业效率和效益为核心的微观应对机制。本章根据"三元悖论"的框架来分析发展中国家的检验，通过分析认为，在资本账户开放过程中应该增强汇率弹性，建立灵活的汇率机制，并增加外汇储备，以增强抵御风险的能力，并完善金融体系，改善货币政策。

第七章　我国资本账户开放的
现状和应对策略

前文的内容是关于理论和实证的研究，落脚点是为我国的资本账户开放提供政策建议。本章则评估了我国资本账户开放的程度，并针对资本账户开放的初始条件水平提出应对策略。

第一节　我国资本账户开放的现状

我国一直以循序渐进的方式推动资本账户开放。1993 年 11 月，中国共产党十四届三中全会通过的《中共中央关于建立社会主义市场经济体制若干问题的决定》首次提出，"逐步使人民币成为可兑换的货币"。1997 年，亚洲金融危机导致我国的资本账户开放进程暂时搁置。进入 21 世纪以后，尤其是中国加入世贸组织以后，中国资本账户开放的步伐明显加快。2003 年，中国人民银行提倡"严进宽出"的方针，逐步放宽了对资本流出的限制。2009 年 4 月，随着人民币贸易结算试点的推出，中国对短期跨境资本流动的管制大大放松。2011 年 3 月，"十二五"规划提出要逐步实现人民币资本项目基本可兑换。2012 年 2 月，央行课题组发布的《我国加快资本账户开放条件基本成熟》报告意味着中国资本项目自由化可能进入了一个全面提速的新阶段。2015 年，我国货币市场的开放取得了一定的进展。近年来，我国根据国际形势的变化不断调整国际资本流动状况，积极建立有效、实时的资本流动管理框架。截至 2020 年底，我国的资本流动管理仍旧呈现出"严进宽出"的特征 。

目前，我国已基本达到了开放的标准，但还存在不平衡、不通畅的缺点。本书从法定开放与事实开放两个角度评估我国的资本账户开放程度，根据 Chinn 和 Ito（2007）构造的 kaopen 指数[①]，若美国的开放程度假设为1，则我国开放程度仅为 0.16。

图 7-1 显示了我国 1981~2014 年的资本账户开放程度，图中的左坐标轴显示的是法定开放程度，右坐标轴显示的事实开放程度。从事实开放角度来看，我国的资本账户开放程度逐年提高，在新兴市场国家中处于中等的水平；但从法定开放角度来看，从 1993 年至今，我国的法定开放一直处于 0.16 的水平，在新兴市场国家中处于较低水平。

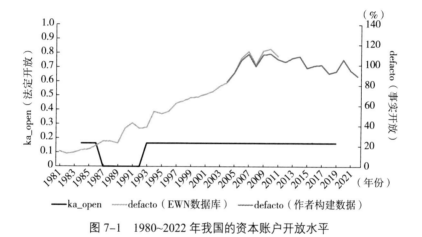

图 7-1　1980~2022 年我国的资本账户开放水平

注：① ka_open 为法定开放水平，时间跨度为 1984~2019 年；② defacto（EWN 数据库）为 Lane 和 Milesi-Ferretti (2007) 构造的数据库的数据，时间跨度为 1980~2011 年，2011 年后的数据缺失，因此 2011 年后的数据是笔者根据其构造方法搜集数据构建的指标；③ defacto（作者构建数据）是笔者根据事实开放的方法自己构建的指标，时间跨度为 2004~2022 年，从重合的部分来看，大体上是可信的。

我国的法定开放水平较低的原因在于除直接投资外的其他交易方面的开放还不足、交易手续较烦琐，地区开放水平不平衡、大规模外汇兑换需要审批、个人持汇还不充分等。总体来看，我国资本账户开放自由化水平较高，但在具体项目、审批时间、开放方向上还具有差别。

---

① Chinn 和 Ito（2007）将编制的各国的 kaopen 指数以美国为 1 的标准内化为（0，1）的范围。

从各个子项目的开放水平来看，截至 2020 年，在 IMF 确定的资本账户 40 个子项目中，我国实现可兑换的有 4 个，主要集中在居民境外发行股票与货币市场工具、直接投资清盘等领域；实现基本可兑换的有 9 个，主要集中在信贷业务、直接投资、非居民投资境内债券市场等领域；实现部分可兑换的有 18 个，主要集中在股票、集体投资类证券与衍生品的双向投资、债券双向发行、非居民境内购买不动产、个人资本交易等领域；不可兑换的有 6 个，主要集中在衍生品双向发行、非居民境内发行股票与货币市场工具、个人贷款等领域；无明确法律规定的有 3 个，包括外国移民境外债务的结算、移民向国内的财产转移以及中奖收入的转移①。

从参与主体的维度来看，以机构为主体的资本流动渠道基本已经打通，个人资本账户的开放即将启动；从市场层次的维度来看，证券类项目的境内外二级市场投资渠道基本已经打通，一级市场发行渠道仍需进一步开放；从资本期限的维度来看，长期资本流动渠道比较通畅，短期资本流动项目开放程度不高；从资本流向的维度来看，资本流入的渠道基本通畅，而资本流出仍受到限制。

第二节　我国资本账户开放的初始条件

我国资本账户开放经历了缓慢开放—停滞—加速开放的过程。2008 年国际金融危机后，我国开放进程加快，但是对于资本账户开放还是顾虑重重。在开放路径上，我国遵循了先流入后流出，从直接投资到证券投资；从长期到短期逐步放开；先开放预期收益大的项目，再开放难度大的项目；先进行试点，再逐步推广，渐进开放，"成熟一项，开放一项"，逐步深入的原则。

随着 2012 年欧债危机愈演愈烈，除美国外的发达国家经济尚未恢复，国际金融市场流动性趋紧，新兴市场国家增长乏力。2013 年底，美联储退

---

① 具体可以参考 IMF 的 *Annual Report on Exchange Arrangement and Exchange Restrictions*(2021) 第 73 页中国的内容。

出量化宽松货币政策，美元于 2015 年底加息，并在 2016 年加息两次。

我国虽然确立了"有管理的可兑换"的总目标，但是在实际操作过程中，还是依赖其他国家的经验，遵循已有的思路，创新较少，如强调外汇储备的重要性，重视流入大于流出，人民币汇率机制的改革较慢等。

图 7-2 显示了我国的私人信贷水平。近年来，我国的私人信贷占 GDP 的比重甚至达到 130% 以上，既不利于我国的国际债务资本项目的开放，也不利于国际股权资本项目的开放，应尽快降低私人信贷水平。

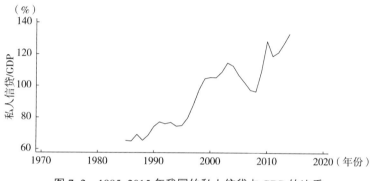

图 7-2　1985~2015 年我国的私人信贷占 GDP 的比重

从近年来的平均水平来看，金融市场发展不仅有利于促进我国的资本账户开放，还有利于债务资本和股权资本的开放。

图 7-3 显示了我国的制度质量水平，从图中可以看出，我国制度方面有利于促进资本账户开放，但还需进行进一步的改进。

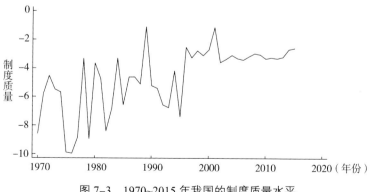

图 7-3　1970~2015 年我国的制度质量水平

图 7-4 显示了我国的政府支出占 GDP 的比重。从图中可以看出，我国的财政稳健，可以推动资本账户开放。

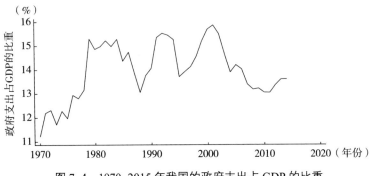

图 7-4　1970~2015 年我国的政府支出占 GDP 的比重

综上所述，从金融市场、制度质量和政府支出比重来看，我国进一步开放的环境是比较良好的，但是在私人信贷水平方面应有所降低才行。

图 7-5 显示了我国各时期的宏观经济政策组合，从图中可以看出，我国在资本账户开放过程中比较注重提高外汇储备比重和维持汇率稳定。我国自 2002 年加入 WTO 之后，资本账户开放进程取得了较大的进步，但是与新兴市场国家相比资本账户开放水平还处于较低的水平。

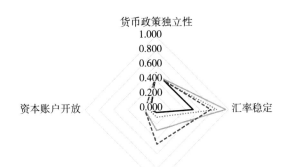

图 7-5　1970~2015 年我国各时期的宏观经济政策组合和资本账户开放

注：具体的数值采用的是每个时期的平均值。

资料来源：Joshua Aizenman、Menzie Chinn 和 Hiro Ito 三人构造的三元悖论指数采用了其中的汇率稳定指数，网址：http://web.pdx.edu/~ito/trilemma_indexes.htm。

第三节　我国资本账户开放的应对策略

根据本书的研究思路，我国应该对债务资本和股权资本采取不同的开放策略和应对措施：

一是确立"坚持开放、相机调整"的总方针，在开放次序上，坚持国际债务资本和国际股权资本"协调开放、齐头并进、相互促进"的原则，推动我国整体开放水平的提高。一方面，开放水平应该适应我国的宏观经济政策组合；另一方面，当确立了进一步开放的目标后，应当通过适当的宏观经济政策微调来适应进一步开放的形势。合理利用财政政策，稳定物价水平，保持合理的货币政策独立性，增强人民币汇率弹性，维持一定外汇储备水平，保持合理的开放程度差异，是我国应该一贯坚持的政策组合。

二是建立以提高企业，尤其是大企业集团的效率效益和国际竞争力为核心的资本账户开放的微观应对机制，提高我国企业的国际竞争力。我国已经在很大程度上嵌入全球价值链，除了进一步推动我国企业的产业升级和价值链向高端发展外，还应推动我国企业进入国际资本市场，提高适应能力，并积极推动国际规则的转变。

三是吸取国际经验，为我国建立资本流动管理体制。我国金融体系还不健全，金融发展较为落后，因此有必要在大规模资本流入冲击我国金融体系时，直接采用相应的宏观审慎和资本流动管理措施，重视资本流出管理框架的研究和资本流出管理工具的使用。由于我国的制度监管水平与发达国家有一定的差距，而且我国资本以非法的渠道外流的规模较大，因此有必要针对资本流出加强监管和实施较为严格的管制；将资本流动管理从设计原则升级为一种制度安排，从而增强其在实践指导上的意义，同时增加结构性改革的内容，推进金融市场结构性改革，提高对跨境资本的吸收能力，加深国内金融市场的深度和广度。

四是根据具体情况完善我国的初始条件。在应对债务资本流动上，加强金融改革，完善金融市场体系，建立更加完善的金融市场制度，加强金融市场执法，打击违法行为，加强金融监管，提高金融发展水平。

根据目前我国信贷水平较高的情况，降低我国的信贷杠杆水平，以此增强银行安全标准。稳步推进利率市场化建设，为资本账户开放提供良好的前提条件。完善金融体系，建立完整的国内金融市场，发展直接投资市场，通畅间接融资体系，培养市场化的企业和居民投融资渠道。提升金融效率，加大金融领域对民间的开放的程度，降低民间利率水平，培育新兴金融机构，发展投资基金、信托、保险等非银金融机构，增强金融市场活力。完善金融审计体系，发展会计师事务所、审计师事务所、投资咨询等财务审计体系，加强金融机构风险管理，建立完善的审慎监管体系和金融安全网。

在应对股权资本流动上，高度重视制度质量建设。加强市场制度建设和法制执行，建立更完善的市场体系和市场制度体系。提高公共管理水平，防止和减少腐败，消除制度漏洞和经济发展的软约束，合理设定公共部门权力边界，减少行政审批。进一步加强产权保护意识，促进科技水平发展。加强法制建设，建立多元监督约束机制，加大对公共部门的监督。

第四节　本章小结

根据前文的研究，本书为我国的资本账户开放进程提供三点建议：首先，对我国的资本账户开放现状进行总结，我国的资本账户开放已经取得很大的进步，但开放水平还不足，交易手续较烦琐，结构性特征明显，在具体项目、审批时间、开放方向上还应有所改进；其次，从金融市场、制度质量和政府支出比重来看，我国进一步开放的环境是比较良好的，但是在私人信贷水平方面应有所降低才行，在宏观经济政策上，还应进一步推进利率市场化改革和增强汇率弹性，达到资本账户开放的前提条件；最后，我国应该采取协调推进的开放策略，通过适当的宏观经济政策微调来适应进一步开放的形势，建立以提高企业尤其是大企业集团的效率效益和国际竞争力为核心的资本账户开放的微观应对机制，提高我国企业的国际竞争力，吸取国际经验，积极探索适应我国的资本流动管理体制。

第八章　研究结论与未来展望

第一节　主要研究结论

鉴于以往的国际资本流动的研究中缺乏企业分析的状况，本书遵循从微观到宏观的研究思路，在研究中融入微观基础的分析，建立了更符合实际状况的理论模型，并得出以下研究结论。

一、不同形式的国际资本流动对国内经济的影响机制不同

企业是社会经济活动的主体，但是已有文献很少从微观企业的角度分析国际资本流动。本书引入微观基础的研究，能够在深层次上探讨资本流动的原因，也能从源头上分析国际资本流动对宏观经济的影响机制。

发达国家在分析资本账户开放时并没有过多地关注微观企业，主要是因为发达国家市场观念深入人心，企业自负盈亏，大型跨国企业的科技水平普遍较高，对外投资能力和国际竞争力强，而发展中国家的大型企业缺少这种优势，但社会联系广泛，一旦出现问题后果比较严重。

根据本书的研究目的和国际资本流动对一国流动性的影响分为国际债务资本和国际股权资本。我们将直接影响一国流动性和利率的国际资本流动称之为国际债务资本流动，将直接介入一国企业的投融资活动，间接影响利率和流动性的资本流动称之为国际股权资本流动。采用对比分析的方法分别阐述了国际债务资本和国际股权资本对一国经济增长的影响机制。为了分析国际资本流动对一国经济增长的多种影响机制，本书在模型分析中引入金融部门，从而得出了不同形式的国际资本对一国经济增长的不同效应。

国际债务资本流入为一国的经济增长提供了流动性支持；国际股权资本流动直接介入企业的投融资活动，股权资本流入可以增加一国的信贷供

给，缓解信贷需求，并不直接对流动性产生冲击。

从对国内的流动性影响来看，国际债务资本流入为一国的经济增长提供了流动性支持。国家为缓解财政赤字而发行债券，债券发行减少了市场上流动的货币，造成流动性紧张，利率上升。利率上升有两个效应：一是利率上升，本币升值，为追求货币升值收益，国外资本流入；二是债券价格下降，引起投资资本的流入。债务资本的流入缓解了一国的流动性紧张状态，利率开始下降。但是资本流入激增会对一国国内的宏观经济造成冲击，当一国经济出现过热，甚至产生通货膨胀情形时，国内政府开始推行紧缩的财政政策，会造成资本外流，如果债务资本到期期限重合，会造成债务资本的风险累积，对一国经济造成冲击。因此，国际债务资本流动需要注重其利率期限结构。

国际股权资本流动直接介入一国企业的投融资过程，通过国内的信贷渠道进入一国的生产过程，股权资本流入可以增加一国的信贷供给，缓解信贷需求，并不直接对流动性产生冲击。国际股权资本流入促进了一国的信贷扩张，有利于促进一国经济增长。但是，当一国金融市场不完善时，道德风险、逆向选择、信贷约束普遍存在，国际股权资本流入会选择那些风险较高的项目，在一国经济基本面发生问题之后，国际股权资本会迅速撤离，继而引发金融市场的同质性问题，造成市场的波动。

二、初始条件对国际资本流动效应的制约作用

国际债务资本流动通过对利率的影响进而影响到国内经济，国内的债务水平制约着国际债务资本流动对经济增长的效应。国际债务资本的开放发挥积极效应时，需要将债券发行规模限定在一定范围内，即将国家债务限定在一定范围内，这是由一国的内在因素决定的，包括资本产出弹性、税率等。债券的过度发行，以及政府融资对于国外资金的依赖会提高经济的脆弱性，容易酿成危机，因此债券融资在财政结构中应占有合理的比例。从微观渠道来看，债务水平限定在一定范围之内，未来还本付息的压力降低，预期税率不会提高，有利于企业扩大收入，进而扩大投资。

国际股权资本流动直接介入一国企业的投融资过程，是对一国金融市

场功能的强化，一国的制度质量制约着国际股权资本流动的效应。在制度质量较高的情况下，国际股权资本流动有利于促进经济增长。制度质量和金融市场的发展降低了一国市场经济发展的成本，不仅有利于优化资源配置，还有利于在经济基本面恶化时，国外股权资本留在国内，因为企业经营稳健有利于资本的长期受益，对国际股权投资来说是好消息。

综上所述，本书认为，国际债务资本流动和国际股权资本流动对国内经济的影响机制是不同的，对一国的初始条件的要求也是不同的。

三、国际资本流动的动态调整

从收益来看，国际债务资本获得固定收益和汇率收益（当资本流入国货币贬值时，则表现为损失），国际股权资本则获得股息和资本利得，但是在公司破产清算时，债务资本的清算优先于股权资本。

随着发展中国家经济的发展和经济水平的上升，以及合作向深处发展，国外资本流入应该从国际债务资本流入转向国际股权资本流入，因为后者的收益更大。

四、资本账户开放对经济增长的非线性效应

通过理论分析和实证分析，资本账户开放对经济增长存在门槛效应，不仅是总体程度的资本账户开放，也包括资本账户开放的子项目，并存在门槛效应。只有当一国的初始条件处于合适范围内时，实施资本账户开放才是有利的。

第二节　政策含义

本书的研究结论具有较强的政策含义，主要包括以下四点：

一、应注重资本账户开放的初始条件的培育

受初始条件的制约作用，资本账户开放对一国的经济增长存在门槛效

应，因此一国应提高本国的初始条件，当初始条件适宜时才实施资本账户开放。具体内容包括：

加强金融改革，完善金融市场体系，建立更加完善的金融市场制度，加强金融市场执法，打击违法行为，加强金融监管，提高金融发展水平。降低我国的信贷杠杆水平，降低资本账户开放中的水平，以此增强银行安全标准。稳步推进利率市场化建设，为资本账户开放提供好的前提条件。完善金融体系，建立完整的国内金融市场，发展直接投资市场，通畅间接融资体系，培养市场化的企业和居民投融资渠道。提升金融效率，加大金融领域对民间的开放程度，降低民间利率水平，培育新兴金融机构，发展投资基金、信托、保险等非银金融机构，增强金融市场活力。完善金融审计体系，发展会计师事务所、审计师事务所、投资咨询等财务审计体系，加强金融机构风险管理，建立完善的审慎监管体系和金融安全网。在一定程度上鼓励金融创新。

此外，还要高度重视制度质量建设。加强市场制度建设和法制执行，建立更完善的市场体系和市场制度体系。提高公共管理水平，防止和减少腐败，消除制度漏洞和经济发展的软约束，合理设定公共部门权力边界，减少行政审批流程。进一步加强产权保护意识，促进科技水平发展。加强法制建设，建立多元监督约束机制，加大对公共部门的监督。

二、资本账户开放中应建立微观应对机制

发展中国家的经济自由化改革多是在经济遇到困境的情况下推动的，但将经济自由化改革作为经济进一步发展的重要措施，容易忽视对外开放中提高微观经济主体的适应性和效率。企业是现代经济的主体，只有提高企业的经济效率和经济效益，才是在对外开放中增强风险抵御能力的根本。无论是在开放中引入国外资本，还是改革国内的经济体制，最终都会体现为企业的效益和效率问题。

经济自由化改革的立足点应是建立市场经济体制，提高企业效率和企业效益，促进竞争，提高全要素生产率，提高经济增长的质量。因此，应该避免简单市场原教旨主义的干扰，防止过快过激地推动变革，自由化改

革并不是变卖国有企业财产以弥补政府的财政不足。市场经济制度的确立和对外开放的步伐应在一定程度上与国内的企业改制和金融深化进程保持一致，不应过急过快。外国资本流入可以促进市场竞争，提高企业积极性，同时公司制度的引入，促进了本国企业的管理创新，但是完全私有化并不是促进企业转好的途径，外资控制本国的经济命脉更会导致宏观经济政策难以执行，加剧经济波动。

三、针对不同形式的国际资本流动采取不同的应对措施

国际债务资本流动主要通过利率渠道影响国内经济，其造成的风险主要表现为时间上的累积，即丧失债务支付的能力，在国内主要表现为资本外逃、资本逆转，在国际市场上表现为主权债务危机。由于国际债务资本流动会通过利率渠道影响一国经济，因此针对国际债务资本流动的应对措施主要为宏观经济政策调整，同时，针对债务资本流动主要通过金融中介的情况，也应对金融中介的流动性和安全性经营采取一定的监管措施。

股权资本流动对一国的制度质量要求较高，股权资本流动的风险主要表现为同质性风险，因此在市场功能缺失的时候，政府可能会承担市场的某些功能。股权资本流动主要通过个人渠道和资本市场交易参与一国的信贷，由于股权资本流动难以监测，不易监管，因此除了对国际股权资本流动采取一定的金融监管措施外，还应采取资本管制的措施。

发展中国家的资本账户开放进程中宏观经济会受到冲击，经济运行也会受到影响，经济体制会调整成更加开放的状态，在此情况下，企业也应根据资本账户开放状况进行调整。

四、非平衡的开放策略

从实证分析的结果来看，当发展中国家的初始条件不足时，推动资本账户开放不利于国内经济的发展。因此，当一国的初始条件不足时，不应推动资本账户开放；当一国的初始条件达到门槛条件时，也应谨慎开放。

但是，资本账户开放对一国初始条件的发展也存在促进作用，并且开放对于一国的经济发展是一件长期有益的事情，因此应采取非平衡的开放

策略，当初始条件满足某些子项目的开放条件时，应推动子项目的开放。

第三节 研究展望

1. 进一步拓展理论研究

首先，对于国际资本流动对国内企业的影响，还需要进一步考虑国内的结构性差异，进行更细化的分析；其次，在现实中，国际债务资本和国际股权资本是相互促进相互影响的，因此应该将国际债务资本和国际股权资本纳入同一个模型之中，对两者的动态关系进行分析。

2. 进一步拓展实证研究

本书在实证分析中采用宏观数据对资本账户的门槛效应进行实证分析，但采用微观企业的数据进行实证分析能够得到更具有稳健性的结论。使用企业数据进行分析时，如何展示企业的国际化是一个难题，微观视角的企业国际化与宏观视角的企业国际化是存在差异的，如何更好地融合两方面的研究，还需要学术界共同努力。

资本账户开放的初始条件并不是单独存在并对资本账户开放的经济增长效应产生制约作用的，而是各部分有机组合在一起产生综合效应。因此，单一的初始条件是否在综合效应中还发挥着同样的作用，这是值得商榷的。在未来的实证研究中应该采用更高级的技术手段得到更准确的结论。

参考文献

外文文献

［1］Abiad A, Oomes N, Ueda K. The Quality Effect: Does Financial Liberalization Improve the Allocation of Capital?[J]. SSRN Electronic Journal, 2004, 4(2):270–282.

［2］Aghion P, Howitt P, Mayer-Foulkes D. The Effect of Financial Development on Convergence: Theory and Evidence[J]. Quarterly Journal of Economics, 2005, 120(1): 173–222.

［3］Aizenman J, Chinn M D, Ito H. Assessing the Emerging Global Financial Architecture: Measuring the Trilemmas Configurations over Time[C]. National Bureau of Economic Research, 2008.

［4］Aizenman J, Chinn M D, Ito H. Monetary Policy Spillovers and the Trilemma in the New Normal: Periphery Country Sensitivity to Core Country Conditions[J]. Journal of International Money & Finance, 2016, 68:298–330.

［5］Aizenman J, Chinn M D, Ito H. Trilemma Configurations in Asia in an Era of Financial Globalization[J]. Asia and China in the Global Economy, 2011:52–248.

［6］Aizenman J, Pinto B, Radziwill A. Sources for Financing Domestic Capital - Is Foreign Saving a Viable Option for Developing Countries?[J]. Journal of International Money and Finance, 2007, 26(5):682–702.

［7］Aizenman J, Sushko V. Capital Flows: Catalyst or Hindrance to Economic Takeoffs?[J]. Social Science Electronic Publishing, 2011.

［8］Aramaki K. Sequencing of Capital Account Liberalization - Japans Experiences and Their Implications to China[R]. Finance Working Papers, 2006.

［9］Arteta C O, Eichengreen B J, Wyplosz C. When Does Capital Account Liberalization Help More Than It Hurts?[J]. Social Science Electronic Publishing, 2001(4):561–562.

［10］Atkinson A B, Morelli S. Inequality and Banking Crises: A First Look[R]. Paper Prepared for the Global Labour Forum in Turin Organised by the International Labour Organization,2011.

［11］Aviat A, Coeurdacier N. The Geography of Trade in Goods and Asset Holdings[J]. Journal of International Economics, 2007, 71(1):22–51.

［12］Bailliu J. Private Capital Flows, Financial Development, and Economic Growth in Developing Countries[C]. Bank of Canada, 2000.

［13］Barberis N, Thaler R. A Survey of Behavioral Finance[J]. NBER Working Papers, 2002, 2(3):1053–1128.

［14］Barro R J. Determinants of Economic Growth: A Cross-Country Empirical Study[J]. American Political Science Review, 2003, 92(2):145–477.

［15］Beck T, LevineR, Loayza N. Finance and Sources of Growth[J]. Journal of Financial Economics, 2000, 58(1):261–300.

［16］Bekaert G, Harvey C R, Lundblad C. Does Financial Liberalization spur Growth?[J]. Journal of Financial Economics, 2005, 77(1):3–55.

［17］Bekaert G, Harvey C R, Lundblad C. Does Financial Liberalization Spur Growth?[J]. Journal of Financial Economics, 2001, 77(1):3–55.

［18］Bernanke B S. The Global Saving Glut and the U.S. Current Account Deficit [J]. Board of Governors of the Federal Reserve System, 2005:665–671.

［19］Binici M, Hutchison M, Schindler M. Controlling Capital? Legal Restrictions and the Asset Composition of International Financial Flows[J]. Journal of International Money and Finance, 2010, 29(4):666–684.

［20］Blanchard O, Ostry J D, Ghosh A R, et al. Capital Flows: Expansionary or Contractionary?[J]. American Economic Review, 2016, 106(5):565–569.

［21］Braun M, Raddatz C. Trade Liberalization, Capital Account Liberalization and the Real Effects of Financial Development [J]. Journal of International Money and Finance, 2007, 26(5):730–761.

［22］Broner F, Ventura J. Rethinking the Effects of Financial Globalization[J]. The Quarterly Journal of Economics, 2016, 131(3):1497–1542.

［23］Bumann S, Lensink R. Capital Account Liberalization and Income Inequality[J]. Journal of International Money and Finance,2016:143–162.

［24］Calvo G A, Reinhart C M. Fear of Floating[J]. The Quarterly Journal of Economics, 2002, 117(2):379–408.

［25］Cardarelli R, Elekdag S, Kose M A. Capital Inflows: Macroeconomic Implications and Policy Responses[J]. Economic Systems, 2010, 34(4):333–356.

［26］Chanda A. The Influence of Capital Controls on Long-run Growth: Where and How Much?[J]. Journal of Development Economics, 2005, 77(2):441–466.

［27］Chang R, Velasco A. A Model of Financial Crises in Emerging Markets[J]. The Quarterly Journal of Economics, 2001, 116(2):489–517.

［28］Chang R, Velasco A. Financial Fragility and the Exchange Rate Regime [J]. Journal of Economic Theory, 2000, 92(1):1–34.

［29］Chari A, Henry P B. Capital Account Liberalization, Investment, and the Invisible Hand[J]. IMF Research Bulletin, 2003.

［30］Chen H, Jonung L, Unteroberdoerster O. Lessons for China from Financial Liberalization in Scandinavia[J]. Asian Economic Papers, 2014, 13(1):1–44.

［31］Chen S, Liu P, Maechler A M, et al. Exploring the Dynamics of Global Liquidity[J]. Social Science Electronic Publishing, 2012.

［32］Chinn M D, Ito H. A New Measure of Financial Openness[J]. Journal of Comparative Policy Analysis, 2008, 10(3):309–322.

［33］Chinn M D, Ito H. What Matters for Financial Development? Capital Controls, Institutions, and Interactions[J]. Journal of Development Economics, 2006, 81(1):163–192.

［34］Cho Y J. The Effect of Financial Liberalization on the Efficiency of Credit Allocation: Some Evidence from Korea[J]. Journal of Development Economics, 1988, 29(1):101–110.

［35］Coeurdacier N, Rey H, et al. Home Bias in Open Economy Financial Macroeconomics. [J]. Journal of Economic Literature, 2013, 51(1):63–115.

［36］DellAriccia G. Reaping the Benefits of Financial Globalization[J]. IMF Occasional Papers, 2007, 20(264):1–35.

［37］Dooley M P. Capital Flight: A Response to Differences in Financial Riskss

[J]. IMF Economic Review, 1988, 35(3):422–436.

［38］Edison H J, Klein M W, Ricci L A, et al. Capital Account Liberalization and Economic Performance: Survey and Synthesis[J]. IMF Economic Review, 2004, 51(2):220–256.

［39］Edison H J, Levine R, Ricci L, et al. International Financial Integration and Economic Growth[J]. Journal of International Money and Finance, 2002, 21(6): 749–776.

［40］Edwards S, Khan M S. Interest Rate Determination in Developing Countries: A Conceptual Framework [J]. Staff Papers, 1985, 32(3):377–403.

［41］Edwards S. Capital Mobility and Economic Performance: Are Emerging Economies Different?[J]. NBER Working Papers, 2001.

［42］Edwards S. The Order of Liberalization of the External Sector in Developing Countries[M]. Princeton: International Finance Section, 1984.

［43］Eichengreen B, Gullapalli R, Panizza U. Capital Account Liberalization, Financial Development and Industry Growth: A Synthetic View[J]. Journal of International Money and Finance, 2011, 30(6):1090–1106.

［44］Eichengreen B, Leblang D. Capital Account Liberalization and Growth: Was Mr. Mahathir Right?[J]. International Journal of Finance and Economics, 2003, 8(3):205–224.

［45］Eichengreen B. Capital Account Liberalization: What Do Cross-Country Studies Tell Us?[J]. World Bank Economic Review, 2001, 15(3):341–365.

［46］Feldstein M, Horioka C. Domestic Saving and International Capital Flows [J]. Economic Journal, 1980, 90(358):314–329.

［47］Forbes K J. The Microeconomic Evidence on Capital Controls: No Free Lunch[J]. Social Science Electronic Publishing, 2005, 44(3):582–596.

［48］Frankel J A, Rose A K. Currency Crashes in Emerging Markets: An Empirical Treatment[J]. International Finance Discussion Papers, 1996, 41(3–4):351–366.

［49］French K R, Poterba J M. Investor Diversification and International Equity Markets[J]. American Economic Review, 1991, 81(2):222–226.

［50］Furceri D, Loungani P. Capital Account Liberalization and Inequality[J].

IMF Working Paper,2015.

［51］Futagami K, Morita Y, Shibata A. Dynamic Analysis of an Endogenous Growth Model with Public Capital[J]. The Scandinavian Journal of Economics, 1993: 607–625.

［52］Garita G, Zhou C. Can Open Capital Markets Help Avoid Currency Crises?[J]. DNB Working Papers, 2009.

［53］Ghosh A R, Ostry J D, Chamon M. Two Targets, Two Instruments: Monetary and Exchange Rate Policies in Emerging Market Economies [J]. IMF Staff Discussion Notes, 2012, 60(1):172–196.

［54］Glick R, Hutchison M. Capital Controls and Exchange Rate Instability in Developing Economies[J]. SSRN Electronic Journal, 2002, 24(3):387–412.

［55］Goldsmith R W. Financial Structure and Development[J]. Studies in Comparative Economics, 1969.

［56］Grilli V, Milesi-Ferretti G M. Economic Effects and Structural Determinants of Capital Controls[J]. IMF Economic Review, 1995, 42(3):517–551.

［57］Habermeier K F, Chamon M, Kokenyne A. Managing Capital Inflows: What Tools to Use?[C]. International Monetary Fund, 2011.

［58］Habermeier K, Kokenyne A, Baba C. The Effectiveness of Capital Controls and Prudential Policies in Managing Large Inflows[J]. IMF Staff Discussion Notes, 2011, 11(14):1.

［59］Hagen J V, Zhang H. Financial Development and the Patterns of International Capital Flows[R]. Working Papers, 2010.

［60］Hansen B E. Sample Splitting and Threshold Estimation[J]. Econometrica, 2000, 68(3):575–603.

［61］Henry P B. Capital Account Liberalization: Theory, Evidence, and Speculation[J]. Journal of Economic Literature, 2007, 45(4):887–935.

［62］Huberman G. Familiarity Breeds Investment[J]. Review of Financial Studies, 2001, 14(3):659–680.

［63］Ishii S, Habermeier K, Canales-Kriljenko J I, et al. Capital Account Liberalization and Financial Sector Stability[J]. IMF Occasional Papers, 2002(211): 7–92.

［64］Jensen M C, Meckling W H. Theory of the Firm: Managerial Behavior, Agency Costs and Ownership Structure[J]. Journal of Financial Economics, 1976, 3(4):305–360.

［65］Johnson S, Boone P, Breach A, et al. Corporate Governance in the Asian Financial Crisis [J]. Journal of Financial Economics, 2000, 58(1–2):141–186.

［66］Jovanovic B, Frenkel J A. Optimal International Reserves: A Stochastic Framework[J]. Economic Journal, 1981, 91(362):507–514.

［67］Kaminsky G L, Schmukler S L. Short-Run Pain, Long-Run Gain: The Effects of Financial Liberalization[C]. National Bureau of Economic Research, 2003.

［68］Kaminsky G L. Currency Crises: Are They all the Same?[J]. Journal of International Money and Finance, 2006, 25(3):503–527.

［69］Kitano S. Capital Controls and Welfare[J]. Social Science Electronic Publishing, 2011, 33(4):700–710.

［70］Klein M W, Olivei G P. Capital Account Liberalization, Financial Depth, and Economic Growth[J]. Journal of International Money and Finance, 2008, 27(6):861–875.

［71］Klein M W. Capital Account Openness and the Varieties of Growth Experience[J]. Social Science Electronic Publishing, 2003.

［72］Korinek A. The New Economics of Prudential Capital Controls: A Research Agenda[J]. IMF Economic Review, 2011, 59(3):523–561.

［73］Kose M A, Prasad E S, Terrones M E. Does Openness to International Financial Flows Raise Productivity Growth?[J]. Journal of International Money and Finance, 2009, 28(4):554–580.

［74］Kose M A, Prasad E S, Terrones M E. How do Trade and Financial Integration Affect the Relationship Between Growth and Volatility?[J]. Journal of International Economics, 2006, 69(1):176–202.

［75］Kose M A, Prasad E S, Terrones M E. How Do Trade and Financial Integration Affect the Relationship Between Growth and Volatility?[J]. Journal of International Economics, 2005, 69(1):176–202.

［76］Kose M A, Prasad E, Rogoff K, et al. Financial Globalization: A Reappraisal

[J]. IMF Economic Review, 2009, 56(1):8–62.

［77］Kraay A. In Search of the Macroeconomic Effects of Capital Account Liberalization[J]. 2002.

［78］Krugman B P. Bubble, Boom, Crash: Theoretical Notes on Asias Crisis[J]. Working Paper, MIT, Cambridge, Massachussetts, 1998.

［79］Kunieda T, Shibata K O A. Finance and Inequality: How Does Globalization Change Their Relationship?[J]. Macroeconomic Dynamics, 2014, 18(5):1091–1128.

［80］Lane P R, Milesi-Ferretti G M. The External Wealth of Nations Mark Ⅱ: Revised and Extended Estimates of Foreign Assets and Liabilities, 1970–2004[J]. Social Science Electronic Publishing, 2006, 73(2):223–250.

［81］Levine R. Finance and Growth: Theory and Evidence[J]. Social Science Electronic Publishing, 2004, 1(5):37–40.

［82］Martin P, Rey H. Globalization and Emerging Markets: With or Without Crash?[J]. American Economic Review, 2006, 96(5):1631–1651.

［83］Mckinnon R I, Pill H. Credible Liberalizations and International Capital Flows: The Overborrowing Syndrome[J]. Nber Chapters, 1996, 5(6):7–50.

［84］Mendoza E G, Ríos - Rull J V. Financial Integration, Financial Development, and Global Imbalances[J]. Journal of Political Economy, 2007, 117(3):371–416.

［85］Mishkin, Frederic S. Why We Shouldnt Turn Our Backs on Financial Globalization[J]. IMF Staff Papers, 2009, 56(1):139–170.

［86］Mundell R A. Capital Mobility and Stabilization Policy under Fixed and Flexible Exchange Rates[J]. Canadian Journal of Economics and Political Science, 1963, 29(4):475–485.

［87］Noy I, Vu T B. Capital Account Liberalization and Foreign Direct Investent [J]. North American Journal of Economics and Finance, 2007, 18(2):175–194.

［88］Obstfeld M, Taylor A M. Financial Stability, the Trilemma, and International Reserves[J]. American Economic Journal Macroeconomics, 2008, 2(14217):57–94.

［89］Obstfeld M. Capital Mobility in the World Economy: Theory and Measurement[C]. 1986:55–103.

［90］Obstfeld M. International Finance and Growth in Developing Countries:

What Have We Learned?[J]. IMF Staff Papers, 2009, 56(1):63–111.

［91］Ostry J D, Ghosh A R, Chamon M, et al. Managing Capital Inflows: The Role of Capital Controls and Prudential Policies[J]. NBER Working Papers, 2011.

［92］Ostry J D, Ghosh A R, Habermeier K, et al. Capital Inflows: The Role of Controls[J]. IMF Staff Position Notes, 2010, 12(23):135–164.

［93］Ostry J, Ghosh A, Korinek A. Multilateral Aspects of Managing the Capital Account[J]. Anton Korinek, 2012, 12(10):1.

［94］Prasad E S, Rajan R G, Subramanian A. Foreign Capital and Economic Growth[J]. Brookings Papers on Economic Activity, 2007, 38(1):153–230.

［95］Prasad E S, Rajan R G, Subramanian A. The Paradox of Capital[J]. Finance and Development, 2007, 44(1):16–19.

［96］Prasad E, Rogoff K, Wei S J, et al. Effects of Financial Globalization on Developing Countries: Some Empirical Evidence[J]. Shang-Jin Wei, 2003, 1(41):4319–4330.

［97］Quinn D P, Toyoda A M. Does Capital Account Liberalization Lead to Growth?[J]. Review of Financial Studies, 2008, 21(3):1403–1449.

［98］Quinn D, Schindler M, Toyoda A M. Assessing Measures of Financial Openness and Integration[J]. IMF Economic Review, 2011, 59(3):488–522.

［99］Quinn D. The Correlates of Change in International Financial Regulation [J]. American Political Science Association, 1997, 91(3):531–551.

［100］Rajan R G, Zingales L. Financial Dependence and Growth[J]. American Economic Review, 1998, 88(3):559–586.

［101］Rajan R G. Global Imbalances or Why are the Poor Financing the Rich? [J]. Economist, 2008, 156(1):3–24.

［102］Razin A, Sadka E. Labor, Capital, and Finance[M]. Cambridge: Cambridge University Press, 2001.

［103］Reinhart C M, Magud N E, Rogoff K. Capital Controls: Myth and Reality - A Portfolio Balance Approach[J]. Working Paper, 2011, 41(3):343–371.

［104］Reinhart C M, Reinhart V R. Capital Flow Bonanzas: An Encompassing View of the Past and Present[J]. NBER International Seminar on Macroeconmics,

2008, 27(59):1–54.

［105］Reinhart C M, Rogoff K S. Serial Default and the "Paradox" of Rich-to-Poor Capital Flows[J]. American Economic Review, 2004, 94(2):53–58.

［106］Rey H. Dilemma Not Trilemma: The Global Cycle and Monetary Policy Independence[J]. Federal Reserve Bank of Kansas City, 2013.

［107］Rodrik D, Subramanian A. Why Did Financial Globalization Disappoint? [J]. IMF Staff Papers, 2009, 56(1):112–138.

［108］Rodrik D. Who Needs Capital-Account Convertibility[J]. Essays in International Finance, 1998.

［109］Rossi M. Financial Fragility and Economic Performance in Developing Economies: Do Capital Controls, Prudential Regulation and Supervision Matter?[J]. Social Science Electronic Publishing, 1999.

［110］Shambaugh J C. The Effect of Fixed Exchange Rates on Monetary Policy[J]. The Quarterly Journal of Economics, 2004, 119(1):300–351.

［111］Slã K T, Edison H, Ricci L, et al. International Financial Integration and Economic Growth[J]. Journal of Financial Intermediation, 2009, 18(3):432–463.

［112］Wang B E. Threshold Effects in Non-Dynamic Panels: Estimation, Testing, and Inference[J]. Journal of Econometrics, 1999, 93(2):345–368.

［113］Wang Q. Fixed-Effect Panel Threshold Model Using Stata[J]. Stata Journal, 2015(15): 121–134.

［114］Wei S J, Wu Y. Negative Alchemy? Corruption, Composition of Capital Flows, and Currency Crises[J]. Social Science Electronic Publishing, 2002:461–506.

［115］Wei S J. Domestic Crony Capitalism and International Fickle Capital: Is There a Connection?[J]. International Finance, 2001, 4(1):15–45.

［116］Yellen J L. Improving the International Monetary and Financial System: A Speech at the Banque de France International Symposium, Paris, France, March 4, 2011[J]. Speech, 2011.

中文文献

［1］卞志村，卞维渭，沈雨田．中国全面开放资本账户的条件成熟了吗？［J］．现代财经（天津财经大学学报），2023（1）：17-31．

［2］陈元，钱颖一．资本账户开放：战略、时机与路线图［M］．北京：社会科学文献出版社，2014．

［3］陈雨露，周晴．资本账户开放度和实际利差分析［J］．金融研究，2004（7）：40-50．

［4］陈志刚．发展中国家金融开放的次序与速度问题研究［M］．武汉：湖北长江出版集团，2007．

［5］董青马，卢满生．金融开放度与发展程度差异对银行危机生成机制影响的实证分析［J］．国际金融研究，2010（6）：79-85．

［6］邓敏．制度质量对金融开放效应影响的最新进展［J］．经济体制改革，2013a（2）：135-139．

［7］邓敏．论宏观经济政策对金融开放效应的影响［J］．现代经济探讨，2013b（2）：47-51．

［8］邓敏．发展中国家金融开放的时机抉择及政策选择［D］．华东师范大学博士学位论文，2013c．

［9］邓敏，蓝发钦．金融开放条件的成熟度评估：基于综合效益的门槛模型分析［J］．经济研究，2013（12）：120-133．

［10］管涛．略论国际资本流动监管的国际协调［J］．中国外汇管理，2001（5）：3．

［11］高海红．资本账户自由化：模式、条件和泰国经验［J］．世界经济，1999（11）：3-11．

［12］高禄，车维汉．资本账户开放的经济基础条件分析［J］．世界经济研究，2018（2）：13-25．

［13］高禄，车维汉，李立平．发展中国家国际债务资本开放的条件分析——基于国内债务水平的研究［J］．国际金融研究，2019（4）：77-86．

［14］高禄，葛菲．发展中国家国际资本流动的经济效应分析——基于国际债务资本和国际股权资本的对比［J］．上海对外经贸大学学报，2023，30（4）：

21-34.

［15］贵丽娟，胡乃红，邓敏.金融开放会加大发展中国家的经济波动吗？——基于宏观金融风险的分析［J］.国际金融研究，2015，399（10）：43-54.

［16］郭桂霞，彭艳.我国资本账户开放的门槛效应研究［J］.金融研究，2016（3）：42-58.

［17］胡祖六，金荦.入世：中国开放资本项目的催化剂［J］.国际经济评论，2001（4）：9-12.

［18］黄继炜，翁东玲.资本项目开放与经济增长理论综述［J］.重庆科技学院学报（社会科学版），2010（13）：76-78.

［19］黄继炜.人民币资本项目开放［M］.北京：经济科学出版社，2014.

［20］胡小文，章上峰.利率市场化、汇率制度改革与资本账户开放顺序安排——基于NOEM-DSGE模型的模拟［J］.国际金融研究，2015（11）：14-23.

［21］胡援成，王辉，朴明治.中国资本账户开放：30年回顾与思考［J］.当代财经，2009（2）：41-47.

［22］计国忠.资本账户开放次序的比较研究及中国的选择［J］.世界经济研究，2004（2）：28-31.

［23］靳玉英，周兵.新兴市场国家三元悖论框架选择为何中间化？——基于经济增长和金融稳定视角的分析［J］.国际金融研究，2014（9）：34-44.

［24］姜波克.论开放经济下中央银行的冲销手段［J］.金融研究，1999（5）：4.

［25］姜波克，朱云高.资本账户开放研究：一种基于内外均衡的分析框架［J］.国际金融研究，2004（4）：12-19.

［26］姜波克，杨长江.国际金融学.（第2版）［M］.北京：高等教育出版社，2004.

［27］景学成.分阶段推进——人民币基本可兑换与我国外汇市场的发展［J］.国际贸易，2004，1（1）：46-50.

［28］江小涓.跨国投资、市场结构与外商投资企业的竞争行为［J］.经济研究，2002（9）：9.

［29］梁景禹.资本账户开放内涵及定义的探讨［J］.特区经济，2014（1）：2.

［30］蓝发钦.中国资本账户开放的测度［J］.华东师范大学学报（哲学社会科学版），2005，37（2）：87–94.

［31］雷达，赵勇.门槛效应、资本账户开放与经济增长［J］.中国人民大学学报，2007，21（6）：25–33.

［32］李剑峰.发展中国家的资本账户开放：货币危机视角下的次序选择［D］.华东师范大学博士学位论文，2008.

［33］李巍.资本账户开放、金融发展和经济金融不稳定的国际经验分析［J］.世界经济，2008（3）：34–43.

［34］李巍，张志超.不同类型资本账户开放的效应：实际汇率和经济增长波动［J］.世界经济，2008（10）：33–45.

［35］李晓杰，解淑青.协调推进中国利率、汇率与资本账户开放改革理论及 SVAR 实证研究［J］.宏观经济研究，2013（3）：24–31.

［36］李晓敏.制度质量与企业家活动配置——对鲍莫尔理论的经验检验［J］.中南财经政法大学学报，2011（1）：135–140.

［37］李欣欣，刘海龙.市场非均衡与中国资本账户开放风险［J］.财经研究，2015，41（3）：17–26.

［38］刘昌黎.美元国际循环问题与中国的对策［J］.国际贸易自由化，2008（9）：43–50.

［39］刘李胜.上市公司财务分析［M］.北京：经济科学出版社，2011.

［40］刘金全，张菀庭，徐宁.资本账户开放度、货币政策独立性与汇率制度选择：三元悖论还是二元悖论？［J］.世界经济研究，2018（5）：3–13.

［41］刘凌，黄建忠，汪建新.扩大金融领域制度型开放的运行机理、现实风险和实施路径［J］.国际贸易，2024（1）：77–86.

［42］刘秀光.剖析国际货币体系中的美元循环与周转机制［J］.学术问题研究，2009（1）：6–11.

［43］麦金农.经济自由化的顺序［M］.北京：中国金融出版社，1993.

［44］麦金农.经济发展中的货币与资本［M］.卢骢，译.上海：上海三联书店，上海人民出版社，1997.

［45］马勇，陈雨露.资本账户开放与系统性金融危机［J］.当代经济科学，2010，32（4）：1–8.

［46］彭红枫，肖祖沔，祝小全．汇率市场化与资本账户开放的路径选择［J］．世界经济，2018（8）：26-50.

［47］彭红枫，商璨，肖祖沔．分类资本账户开放、制度质量与经济增长［J］．国际贸易问题，2020（9）：129-143.

［48］芮建新．发展中国家资本项目开放风险的防范［J］．国际安全研究，2005（5）：45-46.

［49］钱颖一，许成钢，董彦彬．中国的经济改革为什么与众不同——M型的层级制和非国有部门的进入与扩张［J］．经济社会体制比较，1993（1）：29-40.

［50］曲昭光．资本账户开放对发展中国家宏观经济政策的挑战［J］．金融论坛，1999（11）：19-21.

［51］施建淮．中国资本账户开放：意义、进展及评论［J］．国际经济评论，2007（6）：59-64.

［52］沈国兵，史晋川．汇率制度的选择：不可能三角及其扩展［J］．世界经济，2002（10）：3-9.

［53］斯蒂芬·罗斯，伦道夫·韦斯特菲尔德，布拉德福德·乔丹，等．公司理财［M］．北京：人民邮电出版社，2013.

［54］王文平．论我国资本账户的开放［J］．金融理论与实践，2005（5）：6-8.

［55］王国刚．资本账户开放与中国金融改革［M］．北京：社会科学文献出版社，2003.

［56］王永中．国际资本流动悖论：一个文献综述［J］．金融评论，2010，2（4）：68-80.

［57］王雅范，管涛，温建东．走向人民币可兑换：中国渐进主义的实践［M］．北京：经济科学出版社，2002.

［58］王国刚．中国资本账户开放：经济主权、重点和步骤［J］．国际金融研究，2003（3）：4-11.

［59］王锦慧，蓝发钦．资本账户开放与经济增长：文献综述［J］．经济评论，2006（6）：140-146.

［60］王曦，李佳阳，陈中飞．资本账户开放促进经济增长的组合门槛条件

分析——兼论中国局部开放策略［J］.统计研究，2021（3）：89-106.

［61］王茜，王伟，杨娇辉.资本账户开放与经济增长：基于杠杆率的门槛效应分析［J］.财贸经济，2022（7）：53-67.

［62］汪小亚.我国资本账户开放与利率——汇率政策的协调［J］.金融研究，2001（1）：97-104.

［63］吴信如.资本账户开放时机的内生决定：一个两阶段动态最优化模型［J］.世界经济，2006（6）：40-47.

［64］熊爱宗.国际货币基金组织与国际资本流动管理［J］.金融评论，2016，8（4）：95-109+126.

［65］易宪容.资本帐户开放理论的演进与发展［J］.国际金融研究，2002（3）：6.

［66］易纲，汤弦.汇率制度"角点解假设"的一个理论基础［J］.金融研究，2001（8）：5-17.

［67］余永定，张明.资本流动管理和资本账户自由化的国际新动向［J］.国际经济评论，2012（5）：67-74.

［68］余永定.中国应从亚洲金融危机中汲取的教训［J］.金融研究，2000（12）：1-13.

［69］喻海燕，范晨晨.资本账户开放、制度质量与资本外逃：基于"金砖五国"的研究［J］.国际金融研究，2018，378（10）：45-54.

［70］中国人民银行调查统计司课题组，盛松成.我国加快资本账户开放的条件基本成熟［J］.中国金融，2012（5）：14-17.

［71］中国人民银行调查统计司课题组，盛松成.协调推进利率汇率改革和资本账户开放［J］.中国金融，2012（9）：9-12.

［72］张金清，赵伟，刘庆富."资本账户开放"与"金融开放"内在关系的剖析［J］.复旦学报（社会科学版），2008（5）：8.

［73］张纯威.美元本位、美元环流与美元陷阱［J］.国际金融研究，2008（6）：4-13.

［74］张楠.金融开放与中国经济结构转型——基于Pugno修正模型的实证研究［J］.国际金融研究，2015（10）：32-42.

［75］张礼卿.论发展中国家的资本账户开放（二）［J］.国际金融研究，

1998（4）：11-19.

［76］张礼卿.资本账户开放的政策性框架：前提条件、速度和顺序［J］.国际金融研究，1999（11）：18-24.

［77］张礼卿，戴任翔.智利的资本账户开放：一个从失败走向相对成功的案例［J］.国际金融研究，1999（5）：40-47.

［78］张礼卿.发展中国家的资本账户开放：理论、政策与经验［M］.北京：经济科学出版社，2000.

［79］张礼卿.资本账户开放与金融不稳定［M］.北京：北京大学出版社，2004.

［80］张礼卿.对中国资本账户开放进程的一些观察与思考［J］.国际金融，2021（11）：55-58.

［81］张礼卿.扩大资本账户开放的意义和风险［J］.金融论坛，2022，27（2）：6-9.

［82］张礼卿，钟茜.全球金融周期、美国货币政策与"三元悖论"［J］.金融研究，2020（2）：15-33.

［83］张春生，蒋海.利率市场化、汇率自由化与资本账户开放的次序：理论、经验与选择［J］.经济学家，2015（5）：52-61.

［84］张春生，蒋海.人民币资本账户开放：国内观点争论［J］.上海金融，2015（3）：39-45.

［85］张春生，蒋海.利率市场化、汇率自由化与资本账户开放的次序：理论、经验与选择［J］.经济学家，2015（5）：52-61.

［86］张春生.IMF 的资本流动管理框架［J］.国际金融研究，2016（4）：13-25.

［87］张礼卿.资本账户开放的政策性框架：前提条件、速度和顺序［J］.国际金融研究，1999（11）：18-24.

［88］张明.中国资本账户开放：行为逻辑与情景分析［J］.世界经济与政治，2016（4）：139-155.

［89］张明.跨境资本流动新特征与资本账户开放新讨论［J］.财经智库，2022（1）：111-134+152.

［90］周兵，靳玉英，贾松波.金融发展、货币错配与储备持有——以亚洲

新兴经济体为例［J］.上海金融，2015（6）：17–25.

［91］张志超.开放中国的资本账户——排序理论的发展及对中国的启示［J］.国际经济评论，2003（1）：5–17.

［92］张泽华，周闯.资本账户开放下的宏观审慎政策和货币政策组合研究［J］.世界经济研究，2019（4）：3–16.

［93］张萍，朱江，文青，等.构建我国资本流动管理框架，应对资本账户开放风险［J］.金融发展评论，2014（9）：25.

附　录

附录 A

图表中的发展中国家和地区包括阿富汗、阿尔巴尼亚、安哥拉、阿尔及利亚、美属萨摩亚、安道尔共和国、安提瓜和巴格达、阿根廷、亚美尼亚、阿鲁巴岛、阿塞拜疆、巴哈马、巴林、孟加拉国、巴巴多斯岛、白俄罗斯、伯利兹城、贝宁、百慕大群岛、不丹、玻利维亚、波黑、博茨瓦纳、巴西、英属维尔京群岛、文莱、保加利亚、布基纳法索、布隆迪、佛得角、柬埔寨、喀麦隆、开曼群岛、中非共和国、乍得、海峡群岛、智利、中国、哥伦比亚、科摩罗、刚果民主、刚果、哥斯达黎加、科特迪瓦、克罗地亚、古巴、库拉索岛、塞浦路斯、吉布提、多米尼加共和国、厄瓜多尔、埃及、萨尔瓦多、赤道几内亚、厄立特里亚国、埃塞俄比亚、法罗群岛、斐济、法属波利尼西亚、加蓬、冈比亚、格鲁吉亚、加纳、直布罗陀、格林兰岛、格林纳达、关岛、危地马拉、几内亚、几内亚比绍共和国、圭亚那、海地、洪都拉斯、印度、印度尼西亚、伊朗、伊拉克、马恩岛、牙买加、约旦、哈萨克斯坦、肯尼亚、基里巴斯、朝鲜、韩国、科索沃、科威特、吉尔吉斯斯坦、老挝、黎巴嫩、莱索托、利比里亚、利比亚、列支敦士登、立陶宛、中国澳门、马其顿、马达加斯加、马拉维、马来西亚、马尔代夫、马里、马耳他、马绍尔群岛、毛里塔尼亚、毛里求斯、墨西哥、密克罗尼西亚、摩尔多瓦、摩纳哥、蒙古、黑山、摩洛哥、莫桑比克、缅甸、纳米比亚、瑙鲁、尼泊尔、新喀里多尼亚、尼加拉瓜、尼日尔、尼日利亚、北马里亚纳群岛、阿曼、巴基斯坦、帕劳、巴拿马、巴布亚新几内亚、巴拉圭、秘鲁、菲律宾、波多黎各、卡塔尔、罗马尼亚、俄罗斯、卢旺达、萨摩亚群岛、圣马力诺、圣多美与普林西比共和国、沙特阿拉伯、塞内加尔、塞尔维亚、塞舌尔、塞拉利昂、圣马丁、所罗门群岛、索马里、南非、南苏丹、斯里兰卡、圣基茨和尼维斯、圣卢西亚、圣马丁（法）、圣文森特和格林纳达斯、苏丹、苏里南、斯威士兰、叙利亚、塔吉克斯坦、坦桑尼亚、泰国、东帝汶、多哥、汤加、特立尼达和多巴哥、突尼斯、土耳其、土库曼斯坦、特克斯和凯科斯群岛、图瓦卢、乌干达、乌克兰、阿联酋。

附录 B

面板门槛回归中的发展中国家包括阿尔及利亚、安提瓜和巴布达（岛国）、阿根廷、伯利兹城、贝宁、玻利维亚、博茨瓦纳、巴西、喀麦隆、中非共和国、乍得、智利、中国、哥伦比亚、哥斯达黎加、科特迪瓦、埃及、加蓬、加纳、格林纳达、几内亚比绍共和国、圭亚那、洪都拉斯、印度、印度尼西亚、牙买加、约旦、肯尼亚、韩国、黎巴嫩、马来西亚、马耳他、毛里求斯、墨西哥、尼加拉瓜、尼日利亚、巴基斯坦、巴拿马、巴拉圭、秘鲁、菲律宾、斯里兰卡、斯威士兰、泰国、多哥、汤加、特立尼达和多巴哥、突尼斯、土耳其。

附录 C

国家金融风险的面板回归中的发展中国家包括阿尔巴尼亚、阿尔及利亚、安哥拉、阿根廷、亚美尼亚、阿塞拜疆、巴哈马、巴林、孟加拉国、白俄罗斯、百慕大群岛、不丹、玻利维亚、博茨瓦纳、巴西、保加利亚、布基纳法索、喀麦隆、智利、中国、哥伦比亚、哥斯达黎加、科特迪瓦、克罗地亚、古巴、塞浦路斯、多米尼加共和国、厄瓜多尔、萨尔瓦多、埃塞俄比亚、加蓬、加纳、危地马拉、几内亚、圭亚那、海地、洪都拉斯、印度、印度尼西亚、伊拉克、牙买加、约旦、哈萨克斯坦、肯尼亚、科威特、黎巴嫩、利比亚、立陶宛、马达加斯加、马拉维、马来西亚、马尔代夫、马里、马耳他、墨西哥、摩尔多瓦、蒙古、摩洛哥、莫桑比克、缅甸、纳米比亚、尼加拉瓜、尼日尔、尼日利亚、阿曼、巴基斯坦、巴拿马、巴布亚新几内亚、巴拉圭、秘鲁、菲律宾、卡塔尔、罗马尼亚、沙特阿拉伯、塞内加尔、塞尔维亚、塞拉利昂、南非、斯里兰卡、苏里南、坦桑尼亚、泰国、多哥、汤加、突尼斯、土耳其、乌干达、乌克兰。